URSULA FERRIGNO

Italiens
leichte Küche

FRISCHE REZEPTE MIT
GEMÜSE UND FISCH

URSULA
FERRIGNO

Italiens
leichte Küche

FRISCHE REZEPTE MIT
GEMÜSE UND FISCH

ÜBERSETZT
VON FRANZISKA WIRTH

HÄDECKE VERLAG

Widmung
Für Daddy

Anmerkung
Die Angaben für Eier beziehen sich auf
möglichst große Eier aus biologisch-
dynamischer Freilandhaltung. Gemüse aus
biologisch-dynamischem Anbau ist immer
der Vorzug zu geben.

Inhalt

Einleitung

ITALIEN EROBERT UNSER HERZ UND VER-
ZAUBERT UNSERE SEELE. WER KÄME VON
EINER ITALIENREISE NICHT MIT BLEIBEN-
DEN ERINNERUNGEN AN ÜPPIGE LAND-
SCHAFTEN, AN LEBHAFT PULSIERENDE
STÄDTE UND AN DAS BLAUE MEER UNTER
STRAHLEND SONNIGEM HIMMEL ZURÜCK?
Die italienische Küche spiegelt diese Viel-
seitigkeit der Landschaft mit Gerichten,
in denen man das Meer, den Himmel,
die Landschaft und das Leben auf den
Dörfern und in den Städten schmeckt,
wider. Diesen schwer fassbaren Zauber
möchte ich mit *Italiens leichte Küche* ver-
mitteln.

Am Ursprünglichsten sind die italienischen Gerichte noch in den Dörfern,
die sich über Jahrhunderte kaum verändert zu haben scheinen. Dort stehen
die Mahlzeiten im Mittelpunkt des
Lebens und müssen folglich gut sein. Die
Gemüsemärkte quellen über von frischem Obst und Gemüse. Der ganze
Reichtum einer Jahreszeit wartet nur darauf, liebevoll zubereitet auf den Tisch
der Familie zu kommen. Die Jahreszeiten spielen für die Italiener eine große
Rolle, alles wird auf dem Höhepunkt der
Reife geerntet, um sorgfältig und behut-
sam zu den erstaunlich einfachen Gerichten verarbeitet zu werden, die für die
italienische Küche so charakteristisch
sind.

Sogar die reichen Böden Italiens
begeistern mich. Wenn ich in Italien bin,
durchstreife ich die Landschaft und
erfreue mich an den goldenen Getreide-
feldern, den Fischgrat-artig angelegten
Weinterrassen und den Oliven- und
Zitronenhainen. Wenn man in den Süden
reist, kann man die Fruchtbarkeit der
Erde förmlich riechen und sich nicht satt
sehen an der Farbenpracht der Tomaten-,
Paprika und Auberginenfelder.

Für das Mittagsmahl hält in Italien alles inne, ein Beweis dafür, wie wichtig den Italienern das Essen ist. Die Straßen wirken wie ausgestorben, doch wenn man genau hinhört, kann man das leise Klappern von Gabeln und Messern vernehmen, untermalt von Gesprächsfetzen und Gelächter, denn Essen ist eine leidenschaftliche Angelegenheit. Jede Mahlzeit verkörpert die Quintessenz der italienischen Lebensart – aus dem Vollen schöpfen.

Mein Buch handelt von diesem fantastischen Land und seinen einmaligen Menschen. Die Schlichtheit der Gerichte spiegelt die Landschaft, die Jahreszeiten und die Menschen wider. Ich schwärme für Aromen und Tradition und habe nach ausgiebigen Streifzügen kreuz und quer durch das Land beides in diesem Buch vereint. Viele dieser Rezepte sind sehr traditionell und schon fast in Vergessenheit geraten, einige stammen sogar aus meiner eigenen Familie. Probieren Sie diese einfach zuzubereitenden Gerichte aus, genießen Sie sie mit Freunden und mit der Familie, und bringen Sie so italienisches Lebensgefühl in Ihre Küche.

Ursula Ferrigno

Primavera
~ Frühling

»Die süße Zeit, die warm umweht die Hügel

und grünen lässt in jungem Frühlingslaube

und Blüten lockt und Duft aus Laub und Kräutern«

»Sestine« Dante Allighieri (1265–1321)

Asparago ~ SPARGEL

Wildspargel, *asparago di campo* oder *asparago selvatico* kommt sowohl in Zentral- und Südeuropa, als auch in Nordafrika sowie in West- und Zentralasien vor. Die Pflanze gehört zur Familie der Lilienzwiebelgewächse; am Wohlgeschmack des Spargels erfreuten sich bereits die alten Römer. Cato beschrieb den Anbau der Pflanze, und in anderen Quellen des Altertums finden sich eine Vielzahl von Spargelrezepten. Der Name »Asparagus« stammt vermutlich aus dem Persischen, und so ist es nicht weiter verwunderlich, dass die Araber dieses Gemüse in weiten Teilen Europas verbreiteten.

Die dicken Spargelstangen, wie wir sie kennen, sind eine kultivierte Form des Wildspargels. Die Stangen oder Sprossen des wilden Spargel sind dünn und spindelartig, noch dünner als der ganz junge Spargel, der gelegentlich auf unseren Märkten angeboten wird. Die Sprossen entwickeln sich aus einem horizontal am Boden wachsenden Rhizom und bilden, wenn man sie stehen lässt, reich verzweigte, bis zu 1,50 m hohe Stauden aus. Sie entwickeln männliche und weibliche Blüten, aus denen leuchtend roten Beeren werden, die der Pflanze ein fröhliches Aussehen verleihen. Angeblich sind Tauben ganz verrückt nach diesen Beeren und haben so wohl wesentlich zur Verbreitung des Wildspargels beigetragen. Die kultivierte Form des Gemüsespargels hat dickere Stangen. Deutsche, Franzosen und Italiener lieben besonders dicken, weißen Spargel, so wird der Spargel dort durch Aufschütten von Erde vor der Sonne geschützt. Briten hingegen bevorzugen grünen Spargel, daher setzt man die Stangen der Sonne aus, bevor sie gestochen werden. Man wird wohl nie Einigkeit darüber erzielen, welche Sorte mehr Geschmack hat!

Sowohl die wilde als auch die kultivierte Form des Spargels wird in Italien hoch geschätzt. Die Zubereitung ist denkbar einfach: kalt mit Öl und Zitronensaft, warm mit geschmolzener Butter und geriebenem Parmesankäse. Zudem wird er für Omelettes, Risotti und Aufläufe verwendet.

Frittata di asparagi ~ Spargelomelette

Eine *frittata* gehört zu den einfachsten und leckersten Rezepten, für die man keine speziellen Zutaten benötigt. Ich bereite sie häufig zu, wenn ich gerade erst aus dem Urlaub heimgekommen bin und nichts anderes im Kühlschrank habe (außer dem entsprechenden Gemüse, natürlich). Sie sollte heiß oder zumindest warm gegessen werden.

Für 2 Personen
250 g Spargel, geschält und gut
    gewaschen
4 große Eier
1 Knoblauchzehe, geschält und
    gepresst
1 Messerspitze getrocknete Chili
    (peperoncino)
2 EL Vollmilch
1 EL frisch geriebener Parmesankäse
Meersalz und frisch gemahlener
    schwarzer Pfeffer
2 EL Olivenöl

1 Den Ofen auf 200 °C/Gasherd Stufe 4 vorheizen. Den Spargel 6 Min. rösten, dabei einmal wenden. Anschließend jede Stange in drei Teile schneiden.

2 Die Eier verquirlen und den Spargel und die restlichen Zutaten (bis auf das Öl) untermischen.

3 Das Öl in einer mittelgroßen Pfanne erhitzen. Wenn das Öl heiß ist, die Eiermischung in die Pfanne geben, kurz stocken lassen, und dabei die Pfanne von Zeit zu Zeit leicht rütteln. Aus der Pfanne auf einen flachen Teller oder Deckel gleiten lassen, mit der Unterlage schnell wenden und in die Pfanne zurückgeben, um die andere Seite anzubraten. Alternativ können Sie die zweite Seite unter einem Grill bräunen lassen.

Torta di asparagi ∼ SPARGELQUICHE

In eine saubere Serviette oder in Papier gewickelt lässt sich dieser Kuchen gut in einem Korb zu einem Frühlings- (oder Sommer-) picknick mitnehmen. Er sieht gut aus, schmeckt lecker und passt wunderbar zu Obst, Salaten und Wein. Da er sich im Voraus zubereiten lässt, kommt der Koch nicht ins Schwitzen, zumal der Teig wirklich kinderleicht gelingt!

Für 6 Personen

TEIG:

150 g Weizenmehl
 50 g Butter
  1 großes Ei, leicht verquirlt
  3 EL Vollmilch

FÜLLUNG:

375 g Spargel, geschält und gut
      gewaschen
 30 g Butter
  2 EL Mehl
  4 große Eier, leicht verquirlt
250 g Ricotta, wenn möglich frisch
  2 Knoblauchzehen, geschält und
      gepresst
1/2 TL frisch gemahlene Muskatnuss
 55 g frisch geriebener Parmesankäse
Meersalz und frisch gemahlener
      schwarzer Pfeffer

1 Für den Teig: Alle Zutaten mit einem Handrührgerät oder in einer Küchenmaschine miteinander verrühren und anschließend auf einer Arbeitsplatte leicht durchkneten. Den Teig in Backpapier oder Frischhaltefolie einwickeln und im Kühlschrank ein halbe Stunde ruhen lassen.

2 Den Ofen auf 200 °C/Gasherd Stufe 4 vorheizen.

3 Für die Füllung: Wasser in einem Topf zum Kochen bringen, Salz hinzugeben, und den Spargel darin solange kochen, bis er zart ist (ca. 3 bis 6 Minuten). Anschließend den Spargel mit kaltem Wasser abschrecken.

4 In einer Kasserolle die Butter bei mittlerer Hitze schmelzen lassen, das Mehl zugeben und solange rühren, bis eine sämige Konsistenz erreicht ist. Anschließend vom Herd nehmen und die Mehlschwitze abkühlen lassen.

5 Die Spargelspitzen abschneiden und beiseite legen. Die restlichen Stangen in 2 cm große Stücke schneiden und in einer Rührschüssel mit den Eiern, dem Ricotta, dem Parmesankäse, dem Knoblauch, der Mehlschwitze, der Muskatnuss, Salz und Pfeffer vermischen.

6 2/3 des Teiges auf einer mit Mehl bestäubten Arbeitsfläche zu einer kreisförmigen, 3 mm dicken Fläche von ca. 28 cm Durchmesser ausrollen und damit eine Kuchenform mit einem Durchmesser von 23 cm auslegen. Ränder abschneiden und den Teig mit einer Gabel einstechen. Die Füllung darauf geben und mit den Spargelspitzen dekorieren. Den restlichen Teig 3 mm dick ausrollen und mit einem Teigrädchen in 2 cm breite Streifen schneiden. Die Streifen gitterförmig auf dem Kuchen verteilen. Den Kuchen im vorgeheizten Ofen eine halbe Stunde backen, bis er eine goldene Farbe angenommen hat. Auf einem Kuchenrost auskühlen lassen.

Risotto con asparagi selvatici ～ Risotto mit Spargel

Reis ist ein einfaches Grundnahrungsmittel, das sich jedoch spielend leicht, zum Beispiel durch Hinzufügen von Wein, Käse und Gemüse, in ein außergewöhnliches italienisches Risotto verwandeln lässt. Fast alle Gemüsesorten eignen sich für ein Risotto, doch der herbe Geschmack des Spargels passt besonders gut zum Reis. Falls Sie keinen wilden Spargel bekommen, wählen Sie zarten, jungen Spargel, da die dicken weißen Stangen oft leicht holzig schmecken.

Für 6 Personen
500 g Spargel, geschält und gut gewaschen
1 EL Olivenöl
150 g Butter
6 Schalotten, geschält und klein geschnitten
350 g Rundkornreis (vorzugsweise vialone nano)
1 l warme Gemüsebrühe (siehe Seite 128)
7 EL Weißwein
100 g frisch geriebener Parmesankäse
1 Bund frisches Basilikum
Meersalz und frisch gemahlener schwarzer Pfeffer

1 Die Spargelspitzen abschneiden und beiseite legen. Die restlichen Stangen in jeweils drei Teile schneiden.

2 Öl und Butter gemeinsam in einer tiefen Kasserolle erhitzen und die Schalotten anschließend etwa 5 Minuten lang bei mittlerer Hitze und unter ständigem Rühren glasig dünsten. Den Spargel hinzugeben und bei geringer Hitze etwa 4 Minuten dünsten. Anschließend den Reis hinzufügen und etwas glasig werden lassen.

3 3 Esslöffel der Gemüsebrühe zugeben und solange rühren, bis der Reis die Brühe vollständig absorbiert hat. Den Wein zugießen und solange weiter rühren, bis mehr Flüssigkeit notwendig ist. Wieder etwas von der Brühe hinzugeben, weiterrühren und den Vorgang sooft wiederholen, bis die gesamte Flüssigkeit aufgebraucht ist.

4 Bei schwacher Hitze 18 Minuten weiter köcheln lassen. Wenn die gesamte Flüssigkeit verkocht ist, ist der Reis *al dente*, und das einzelne Korn hat eine kreidig weiße Mitte. Etwa 5 Minuten vor Ende der Garzeit die Spargelspitzen hinzufügen.

5 Käse, Salz, Pfeffer und Basilikum unterrühren und den Risotto noch 4 Minuten lang im geschlossenen Topf ruhen lassen. Anschließend sofort servieren.

Carciofo ~ Toskanische Artischocke

Diese große Distelart ist eine Verwandte der Kardone (Cardy), deren noch geschlossene Blütenstände sehr wohlschmeckend sind. Man unterscheidet in Italien hauptsächlich zwei Arten: Artischocken mit spitzen Köpfen und stacheligen Blättern, die *spinoso sardo* oder *violetto sardo* sowie jene mit runden Köpfen ohne Stacheln, die *spinoso romanesco*. Während der recht kurzen Saison werden sie auf italienischen Märkten geradezu gefeiert. Die Verkäufer bereiten sie schon vor und tauchen sie in Zitronensaft, damit man sie zu Hause nur noch schnell kochen muss und dann gleich genießen kann.

Um eine Artischocke von ihren ungenießbaren Teilen zu befreien, sollte man sie zunächst 20 Minuten in Wasser einlegen, dem man den Saft einer halben Zitrone zugegeben hat. Mit der anderen Zitronenhälfte sollte man sofort die Schnitt-stellen und Blütenböden einreiben, damit diese sich nicht braun verfärben. Anschließend werden die dunkelgrünen Hüllblätter entfernt. Von den inneren helleren Blättern nur die grünen Spitzen abschneiden, sodass der zarte gelbe Teil um den Boden herum stehen bleibt. Den oberen Teil der Artischocke (ca. 2,5 cm) abschneiden, die stacheligen inneren Blätter vorsichtig entfernen und mithilfe eines Teelöffels das »Heu« – den faserigen, ungenießbaren Flaum – entfernen. Den Artischockenboden mit kaltem Wasser abspülen und noch einmal in Zitronenwasser einlegen. Ein Großteil des Stiels ist essbar. Das trockene Ende abschneiden und die grüne Außenschicht großzügig abschälen, bis allein der zarte, weiße Innenteil zurückbleibt. Die restlichen dunkelgrünen Stellen der Artischocke entfernen und erneut ins Zitronenwasser geben.

Carciofi ripieni ～ GEFÜLLTE ARTISCHOCKEN

Dieses Gericht habe ich das erste Mal in Mailand gekostet. Falls die angegebenen Käsesorten nicht erhältlich sein sollten, improvisieren Sie einfach. Doch damit das Rezept gelingt, sollte der Käse einen kräftigen Geschmack haben. Die angerichteten Artischocken sehen fantastisch aus, und obwohl das Rezept vielleicht kompliziert erscheint, kann ich versichern, dass es wirklich leicht gelingt!

Für 6 Personen
- 4 große rundköpfige Artischocken
- 1 bereits halbierte Zitrone
- 3 EL Olivenöl
- 1 Knoblauchzehe, geschält und gepresst
- 1 Bund frische, fein gehackte, glatte Petersilie
- 165 ml Gemüsebrühe (siehe S. 128)

FÜLLUNG:
- 50 g frisch geriebener Parmesankäse
- 40 g geraspelter Fontinakäse
- 30 g fein gewürfelter Tallegiokäse
- 1/2 Teelöffel fein gehackter Knoblauch
- 1 Hand voll frische Basilikumblätter
- 2 EL Olivenöl

1 Den Ofen auf 180 °C/Gasherd Stufe 3 vorheizen.

2 Für die Füllung: in einer kleinen Schüssel die drei Käsesorten, Knoblauch, Basilikum und Olivenöl vermischen und beiseite stellen.

3 Die Artischocken putzen, zuschneiden und mit Zitrone behandeln, wie auf Seite 20 beschrieben. Die Stiele abschneiden, klein hacken und beiseite stellen. Mit einem Löffel die Füllung in die Aushöhlungen der Artischocken geben, wobei die Mischung gleichmäßig aufgeteilt werden sollte.

4 In einem mittelgroßen Schmortopf das Olivenöl erhitzen und den Knoblauch zufügen. Die Petersilie, die Brühe und die gehackten Artischockenstiele hinzufügen und 5 Minuten lang köcheln lassen. Die vier gefüllten Artischocken in den Topf setzen und mit einem Deckel abdecken. 50 Minuten lang oder bis die Artischocken weich sind backen. Um festzustellen, ob sie weich sind, sticht man mit einem schmalen Küchenmesser in den dicksten Teil des Artischockenbodens. Das Messer sollte sich leicht einstechen und gut wieder herausziehen lassen. Sofort servieren.

Torta pasqualina ∼ OSTERPASTETE (AUS LIGURIEN)

Traditionell besteht diese ligurische Osterpastete aus zweiunddreißig Teigschichten, die Jesus' Lebensjahre symbolisieren sollen. Ich habe jedoch das Ganze vereinfacht und nehme weniger Schichten. Dennoch sieht die Pastete sehr beeindruckend aus, schmeckt wundervoll und kann warm oder kalt gegessen werden.

TEIG:

375 g Weizenmehl

extra natives Olivenöl

1 großes Eigelb, mit einem EL Wasser verrührt als Glasur

FÜLLUNG:

3 kleine rundköpfige Artischocken

500 g frischer Spinat

4 EL Olivenöl

2 Knoblauchzehen, geschält und gepresst

7 große Eier

100 g frisch geriebener Parmesankäse

200 g Ricotta

1 Hand voll frische, gehackte Majoranblätter

1 Hand voll frische, gehackte Boretschblätter

Meersalz und frisch gemahlener schwarzer Pfeffer

1 Den Ofen auf 180 °C/Gasherd Stufe 3 vorheizen.

2 Für die Füllung: Artischocken und Spinat getrennt in gesalzenem Wasser weich kochen. Den Spinat gut ausdrücken und grob hacken. Die Artischocken in Streifen schneiden und zusammen mit dem Knoblauch in einer Pfanne kurz anbraten. Ein geschlagenes Ei, den Parmesan, den Ricotta und die Kräuter untermischen und mit Salz und Pfeffer abschmecken.

3 Für den Teig: Das Mehl auf ein Küchenbrett geben und in die Mitte eine Mulde hinein drücken. 2 Esslöffel extra natives Olivenöl und genügend Wasser – etwa 2–3 Esslöffel – hineingeben, um einen glatten, geschmeidigen Teig herzustellen. Den Teig in achtzehn Stücke teilen und jedes Teil so ausrollen, dass es sehr dünn wird und in eine Tarteform von 23 cm Durchmesser passt. Neun dieser Teigblätter in der Form stapeln, dabei jedes einzeln mit Olivenöl bepinseln.

4 Mit der Gemüse- und Ricottamischung bedecken und sechs Löcher hineinbohren. Über jedem dieser Löcher ein Ei aufschlagen und mit den restlichen Teigschichten bedecken, die vorher wieder einzeln mit Olivenöl bepinselt werden sollten.

5 Die oberste Teigschicht mit dem aufgeschlagenen Eigelb bestreichen. Im vorgeheizten Ofen ca. eine Stunde backen, bis die Pastete goldbraun ist. Warm oder kalt servieren.

⌒ Carote

Möhren – Karotten sind die kleinen runden Exemplare – spielen in der italienischen Küche eine eher bescheidene Rolle und dienen zudem häufig nicht als Gemüse sondern nur zum Aromatisieren. Doch im bollito misto *sind sogar ganze Möhren und roh werden sie in* pinzimonio *oder* bagna cauda *gedippt. Italienische Karotten sind normalerweise eher klein, nur in dem Dorf Corsano in Salento werden sie in beachtlichen Größen gezüchtet – ein Überbleibsel eines priapeischen Brauchs. (Statt* carota *werden sie* la pastinaca *genannt und haben eine eher blässliche Farbe.) Beim Santi Pati-Fest suchen sich die Verlobten die größten Karotten aus und bieten sie feierlich ihren zukünftigen Bräuten dar. Anschließend beschaut sich das ganze Dorf, begleitet von viel Gelächter und derben Sprüchen, Größe und Form der Wunderfrüchte und entscheidet, welcher junge Mann als Sieger hervorgeht.*

Carote arrosto con salvia ⌒ Geröstete Karotten mit Salbei

Salbei wird häufig nur mit Fleisch in Zusammenhang gebracht, in Italien vor allem mit Schweinefleisch oder Leber, doch es passt auch hervorragend zu Gemüse, vor allem zu Karotten. Salbei wächst in solchem Überfluss (zumindest in Italien), dass man sich über jede weitere Verwendungsmöglichkeit freuen kann.

Für 6 Personen
900 g Karotten, geschält und in 1 cm dünne Scheiben geschnitten
6 geschälte Knoblauchzehen
3 EL Olivenöl
1 knappe Hand voll frischer Salbeiblätter (die jungen Blättchen sind weniger bitter)
Meersalz und frisch gemahlener schwarzer Pfeffer

1 Den Ofen auf 200 °C/Gasherd Stufe 4 vorheizen. Ein tiefes Backblech einfetten.

2 In einer Schüssel die Karotten, die ganzen Knoblauchzehen, Olivenöl und den Salbei mischen und mit Salz und Pfeffer würzen.

3 Auf das Backblech geben und ca. 30 Minuten rösten bis die Karotten gerade eben weich sind. In einer Schüssel sofort servieren.

Garganelli con verdure di stagione ~
PASTA MIT FRÜHLINGSGEMÜSE

Ich habe diese besondere Nudelform gewählt, da die zarten Frühlingsaromen der Gemüse in den Rillen besonders gut haften. Die Sahne verfeinert die Sauce, weshalb dieses Gericht bei Kindern sehr beliebt ist, besonders bei meinen Nichten und Neffen!

Für 6 Personen
- 4 EL Olivenöl
- 2 mittelgroße Karotten, geschält und gewürfelt
- 1 Selleriestange, geschält und in Würfel geschnitten
- 1 Knoblauchzehe, geschält und gepresst
- 1 kleine rote Zwiebel, geschält und gehackt
- 2 kleine Zucchini, in Würfel geschnitten
- 100 g frische geschälte Erbsen
- 2 reife gewürfelte Tomaten
- 1 TL frische Thymianblätter
- 1 Hand voll frische, zerpflückte Basilikumblätter
- 1 Bund frisch gehackte, glatte Petersilie
- Meersalz und frisch gemahlener schwarzer Pfeffer
- 375 g Garganelli (gerillte, spitz zulaufende Röhrchen) oder kurze Penne rigate
- 2 EL Crème double
- frisch geriebener Parmesankäse

1 Das Öl in einer tiefen Pfanne erhitzen und Karotten, Sellerie, Knoblauch, Zwiebel, Zucchini und Erbsen bei schwacher Hitze unter ständigem Rühren 10 Minuten lang dünsten, bis das Gemüse weich ist.

2 Die Tomaten hinzufügen und abdecken. 6 Minuten bei schwacher Hitze weiter garen lassen, anschließend die Kräuter hinzufügen und mit Salz und Pfeffer abschmecken.

3 Die Nudeln in sprudelnd kochendem Salzwasser je nach Packungsangabe 7-10 Minuten kochen.

4 Die Nudeln zum Gemüse geben, die Sahne hinzufügen und mit Käse bestreuen. Sofort servieren.

Rigatoni con broccoli ~ PASTA MIT BROKKOLI

Brokkoli, richtig zubereitet, passt hervorragend zu Nudeln, vor allem, wenn sein eigenes Aroma durch Anchovis intensiviert wird. Anchovis werden unterschiedlich konserviert angeboten, doch nach meiner Koch- und Lehrerfahrung eignen sich marinierte Anchovis am besten. In Delikatessgeschäften sind sie in Dosen erhältlich: eingelegt in Öl und Essig (leicht süßsäuerlich) konkurriert ihr feines Aroma nicht zu sehr mit anderen Zutaten. Sie unterstreichen lediglich den Geschmack.

Für 6 Personen
200 g Brokkoliröschen
1 rote Zwiebel, geschält und fein gehackt
2 EL Olivenöl
1 Knoblauchzehe, geschält und gepresst
½ TL getrocknete Chili (peperoncino)
frisch abgeriebene Schale von zwei unbehandelten Zitronen
8 marinierte Anchovis, in kleine Stücke geschnitten
Meersalz und frisch gemahlener schwarzer Pfeffer
300 g Rigatoni (kurze, geriffelte Nudelröhrchen)
100 g geröstete Semmelbrösel
1 Bund frisch gehackte, glatte Petersilie

1 Den Brokkoli 8 Minuten lang dünsten bis er eben zart ist. Abtropfen lassen.

2 Die Zwiebel im Öl andünsten, Knoblauch, Chili, Zitronenschale und Anchovis hinzufügen und gut verrühren. Mit Salz und Pfeffer abschmecken.

3 Die Nudeln in reichlich kochendem Salzwasser *al dente* kochen. Abgießen und gut abtropfen lassen.

4 Die Brokkolizwiebelmischung unter die Nudeln rühren und mit Semmelbröseln und Petersilie bestreuen. Sofort servieren.

~ Brokkoli

Brokkoli gehört zur Familie der Kreuzblütler und ist mit Kohl, Blumenkohl und Rosenkohl verwandt. Brokkoli ist das Ergebnis, Kohl mit Seitentrieben züchten zu wollen, und so bedeutet Brokkoli auf Italienisch auch »kleine Arme« beziehungsweise »kleine Triebe«. Es gibt zwei verschiedene Sorten Brokkoli: den Winterbrokkoli, der im Frühjahr viele kleine Blumen bringt und den Sommerbrokkoli mit leicht violettem Schimmer (in Italien gibt es allein ca. 30 Sorten). Der Sprossenbrokkoli heißt auch Spargelkohl. Die Erntezeit für den Sprossenbrokkoli ist Februar bis Mai, für den Calabrese (eng zusammen liegende grüne und blaue Blüten) Juni bis November. Brokkoli ist eine ausgezeichnete Vitamin-C-Quelle (er besitzt sogar mehr Vitamin C als Orangen und fast soviel wie Paprika), und zudem ist er reich an Vitamin A sowie B_1 und B_2. Doch er muss entsprechend vorsichtig zubereitet werden, um die Vitamine zu erhalten. Am besten gart man ihn nur wenige Minuten im Dampf über kochendem Salzwasser. Beim Einkaufen sollte man darauf achten, dass er fest und gesund aussieht, und die Stiele weder hölzern noch trocken und schrumpelig sind. Die Blütenstände sollten eng zusammenstehen und keinesfalls bereits gelb sein. Nur wenn der Stiel besonders dick und hart ist, sollte er vor dem Kochen geschält werden.

∼ Salat

Salate sind inzwischen in einer großen Farbvielfalt er-
hältlich, vom blässlich hellgrünen Eisbergsalat bis zum
leuchtend rostbraunen Lollo rosso oder Eichblattsalat.
Egal für welchen Salat Sie sich entscheiden, für alle gelten
die gleichen Qualitäts- und Frischemerkmale: Die Blätter
sollten fest und knackig und keinesfalls schmierig sein und
zudem keine braunen Ränder haben oder Anzeichen von
Insektenspuren vorweisen. Beim Zubereiten eventuell
äußere, welke Blätter entfernen, die einzelnen Blätter
sorgfältig waschen und mithilfe einer Salatschleuder oder
auf einem sauberen Geschirrhandtuch gründlich trocknen.
Die meisten Salatsorten sollten innerhalb weniger Tage
verzehrt werden: besonders wenn sie frisch aus dem Gar-
ten kommen, und ohne Insektizide und Pestizide gezogen
wurden, sind sie sehr empfindlich.

Insalata di rucola con fave ∼ RUCOLASALAT MIT PUFFBOHNEN

Probieren Sie verschiedene Rucolasorten aus, um herauszufinden, welchen Sie am liebsten mögen. Die
in Plastiktüten eingewickelten Rucolablätter aus dem Supermarkt schätze ich nicht besonders, lieber
gehe ich auf den Gemüsemarkt und kaufe sie so, wie sie auch in Italien angeboten werden, mit Gum-
mibändern zu kleinen Büscheln zusammengebunden. Die sehr dünnen Blätter sind charakteristisch
für die ursprüngliche, wilde Art, die fleischigeren, von meinem Vater domestica genannten Blätter
kennzeichnen die Kulturform. Ich bevorzuge den wilden Rucola aufgrund seines pfeffrigen
Geschmacks, und dieser passt sehr gut zu jungen – sie müssen wirklich jung sein – Puffbohnen.

Für 6 Personen.
300 g wilder Rucola (eruca sativa)
300 g Eichblattsalat
125 g junger toskanischer Pecorino, in
  dünne Scheiben geschnitten
675 g junge geschälte Puffbohnen
Meersalz und frisch gemahlener
  schwarzer Pfeffer
 4 EL fruchtiges extra natives Olivenöl

1   Rucola und Eichblattsalat in einer tiefen Schüssel mischen.

2   Den Käse und die Bohnen darüber geben. Mit Salz, Pfeffer und Öl abschmecken und sofort servieren.

Hinweis: Junge rohe Puffbohnen können bei empfindlichen
Menschen Vergiftungserscheinungen hervorrufen. Besser
die Bohnen mit wenig Flüssigkeit 6-8 Minuten garen.

Scarola con pistacchi ~ Endiviensalat mit Pistazien (aus Sizilien)

Endiviensalat hat einen leicht bitteren Geschmack und wird im Süden Italiens – vor allem in Sizilien, woher das Rezept stammt – häufig als gekochtes Gemüse serviert. Sollten Sie diese Zubereitungsart noch nicht probiert haben, werden Sie angenehm überrascht sein. Pistazien passen nicht nur farblich sehr gut, sondern unterstreichen auch den besonderen Geschmack dieses Salats.

Für 6 Personen
- 1 kg krauser Endiviensalat oder Friséesalat
- 50 ml Olivenöl
- 3 Knoblauchzehen, geschält und gepresst
- Meersalz und frisch gemahlener schwarzer Pfeffer
- 100 g geschälte Pistazien

1 Den Salat verlesen und dabei harte Stiele und welke Blätter entfernen. Die einzelnen Blätter vierteln, gründlich waschen und abtropfen lassen.

2 In einer Pfanne das Öl erhitzen, den Knoblauch zufügen und bei mittlerer Hitze kurz anrösten.

3 Den Salat zugeben, die Pfanne abdecken, die Hitze reduzieren und fünf Minuten dünsten lassen. Mit Salz und Pfeffer abschmecken.

4 Die Pistazien darüber geben und vor dem Servieren ca. zwei Minuten lang vorsichtig durchmischen.

Patate ~ KARTOFFELN

Die Kartoffel wurde, ähnlich wie Tomaten und Paprika, die zur gleichen botanischen Familie der Nachtschattengewächse gehören, als essbarer Schatz von den spanischen Eroberern Südamerikas in Europa eingeführt. Doch es dauerte 200 Jahre, bis sie in ganz Europa wirklich akzeptiert wurde, und nur ganz allmählich wurde die Kartoffel zu einer wichtigen Nahrungsquelle. Die Kartoffel kann in größerer Höhe und in kälteren klimatischen Zonen angebaut werden als jedes Getreide mit Ausnahme von Gerste, und es wird behauptet, dass man mit keiner anderen Feldfrucht in Nordeuropa größere Erträge pro Quadratmeter erzielen kann. Ursprünglich war die Kartoffel in den Anden beheimatet, wo die Inkas sie schon vor 2000 Jahren – manche Quellen sprechen von 4000 Jahren – anbauten. Noch heute spielt sie in Peru, Ecuador und Kolumbien eine wichtige Rolle.

Die Kartoffel ist ein Knollengewächs, das an den Wurzeln mehrere Verdickungen pro Pflanze zur Nährstoffspeicherung bildet. Kartoffeln werden mit Schale verkauft, manchmal lose, manchmal abgepackt, gelegentlich sogar gewaschen. Je nach Sorte variieren sie recht stark in Größe, Farbe und Form. Die Farbe der Schale schwankt zwischen cremeweiß, gelb, braun, rosa bis violettrot. Die Schale selbst kann glatt öder höckerig sein. Die Farbe des Fleisches reicht von milchig weiß über cremefarben, blassgelb, dunkelgelb bis hin zu rosagelb – es gibt sogar »schwarze« Kartoffeln! Je nach Sorte und Ernte kann das Fleisch mehlig kochend bis fest kochend sein; beide Arten werden in der italienischen Küche verwendet.

Es gibt kaum eine vielseitigere Gemüseart als die Kartoffel. Sie lässt sich auf jede nur erdenkliche Art zubereiten. Von ihrer Beschaffenheit und ihrem Aroma ist die Kartoffel eher zurückhaltend und eignet sich daher hervorragend als Beilage für viele andere Speisen. Die Kartoffel ist nahrhaft, ein wichtiger Vitamin-C-Lieferant und reich an Stärke und Ballaststoffen. Zudem ist sie kalorienarm (dick macht nur die Butter, die man auf ihr zergehen lässt!).

Beim Einkauf sollte man darauf achten, dass die Kartoffeln frisch aussehen, es gibt nichts besseres als junge Kartoffeln, die eben noch in der Erde steckten. Bei »neuen« Kartoffeln sollte sich die Schale leicht abreiben lassen beziehungsweise bereits abblättern. Die Schale sollte so fest aussehen, als wollten die Kartoffeln vor lauter Frische bersten. Kartoffeln sollten äußerlich unbeschadet, sauber, glatt und fest sein. Kaufen Sie keine Kartoffeln, deren Schale sich trocken oder schrumpelig anfühlt. Auch sollten Sie keine Kartoffeln kaufen, die bereits zu keimen beginnen oder sich grünlich verfärben. Dies bedeutet nämlich, dass sie Licht ausgesetzt wurden und sich unter ihrer Schale das giftige Alkaloid Solanin gebildet hat. Lagern Sie Kartoffeln an einem kühlen, dunklen, luftigen Ort in braunen Papiertüten, keinesfalls in Plastiktüten.

Patate rifatte ~ Zweimal gekochte Kartoffeln

Rifatte bedeutet eigentlich »erneut gekocht«, obwohl dieses Wort hier irreführend ist, da in diesem Rezept die Kartoffeln roh verwendet werden. Der Name entspringt einer alten Küchentradition, als arme Leute ihre Reste streckten, indem sie neue Zutaten untermischten, in diesem Fall rohe Kartoffeln.

Für 4 Personen

- 3 EL Olivenöl
- 1 große rote Zwiebel, geschält und fein gehackt
- 2 Knoblauchzehen, geschält und gepresst
- 5 frische Salbeiblätter
- 5 große Kartoffeln (z. B. Spunta), geschält und in kleine Würfel geschnitten
- 1 Dose (225 g) Eiertomaten, abgetropft und in Würfel geschnitten
- 1 Hand voll frische Basilikumblätter

Meersalz und frisch gemahlener schwarzer Pfeffer

- 1 Hand voll frisch gehackte, glatte Petersilie

1 Das Öl in einer großen, tiefen Pfanne erhitzen. Zwiebel goldbraun dünsten. Knoblauch, Salbei und Kartoffeln hinzufügen und 5 Minuten schmoren. 2 Esslöffel Wasser hinzufügen, falls die Mischung zu trocken wird.

2 Tomaten mit Basilikum, Salz und Pfeffer verrühren. Bei mittlerer Hitze im abgedeckten Topf 15 Minuten, beziehungsweise bis die Kartoffeln gar sind, köcheln lassen.

3 Mit Petersilie bestreut servieren.

Patate in insalata di Sicilia ~ Sizilianischer Kartoffelsalat

Dieser Salat ist eine wahre Augen- und Gaumenfreude. Er hat Biss, viel Aroma und hält sich gut (praktisch für Berufstätige). Ich habe ihn zum ersten Mal während einer Reise mit Freunden nach Syrakus, im Südosten von Sizilien gelegen, gekostet. Alle Aromen sind typisch für die sizilianische Küche.

Für 4 Personen

6   neue Kartoffeln (Spunta, Elvira oder Nicola), geschrubbt
1   Hand voll eingelegte Kapern, abgetropft
8   Kirschtomaten (vom Strauch sind sie süßer)
8   eingelegte schwarze Oliven
4   marinierte Anchovis, grob gehackt
1   kleine rote Zwiebel, geschält und grob gehackt
Meersalz und frisch gemahlener schwarzer Pfeffer
3   EL fruchtiges extra natives Olivenöl
ein paar frische Majoranblätter

1   Die Kartoffeln schälen, in 2,5 cm große Würfel schneiden und etwa 6-8 Minuten kochen, bis sie weich sind. Abgießen und abkühlen lassen.

2   Kapern unter die abgekühlten Kartoffeln mischen, anschließend Tomaten, Anchovis, Oliven und Zwiebeln zugeben.

3   Mit Salz und Pfeffer abschmecken, Öl und Majoran hinzufügen und gut verrühren. Bei Zimmertemperatur servieren.

Gnocchi di patate ~ KARTOFFELGNOCCHI

Wörtlich übersetzt bedeutet das Wort *gnocco* = Kloß, und genau das sind Gnocchi auch. Es gibt so viele schlechte Nachahmungen zu kaufen, dass ich Sie bitte, sich etwas Zeit zu nehmen und sie selbst herzustellen. Das Ergebnis ist so viel besser und die Zubereitung denkbar einfach (und macht sogar Spaß!). Wir verwenden hier alte Kartoffeln statt der wächseren neuen Kartoffeln, da bei ihnen die Stärke voll ausgereift ist und so der Teig besser klebt. Zudem macht es die Gnocchi lockerer. Traditionell serviert man zu selbst gemachten Gnocchi Tomatensauce, doch sie schmecken auch hervorragend mit einer Walnusssauce (siehe Seite 168).

Für 4 Personen
GNOCCHI:
225–275 g Weizenmehl
  2 kleine Eier
900g gleichgroße, alte Kartoffeln
    (Maris Piper, King Edward, Des-
    irée)
Meersalz
 50 g weiche Butter
frisch geriebener Parmesankäse zum
    Servieren

TOMATENSAUCE: (ergibt ca. 300 ml)
  1 EL Olivenöl
  1 kleine Zwiebel, geschält und fein
    gehackt
450g reife Tomaten oder 1 Dose
    (400 g) italienische Eiertomaten
  1 Knoblauchzehe, geschält und
    gepresst
150 ml Gemüsebrühe (siehe Seite 128)
    oder Wasser
  1 EL Tomatenmark
  1 Prise Zucker
  1 Hand voll frisch gehackte Basilikum-
    blätter (wahlweise)
Meersalz und frisch gemahlener
    schwarzer Pfeffer
  1 EL trockener Weißwein

1 Bereiten Sie zunächst die Sauce zu. Frische Tomaten 30 Sekunden lang in kochendes Wasser legen, mit kaltem Wasser abschrecken, mit einem scharfen Messer häuten, halbieren, Kerne herauslöffeln und das Fleisch grob würfeln.

2 Öl in einer Pfanne erhitzen, die Zwiebel hinzufügen und glasig dünsten. Tomaten und Knoblauch zufügen, abdecken und bei geringer Hitze 10 Minuten köcheln lassen, dabei gelegentlich umrühren.

3 Wasser oder Gemüsebrühe hinzufügen, Tomatenmark, Zucker und gegebenenfalls Basilikum unterrühren und mit Salz und Pfeffer abschmecken. Die Pfanne halb zudecken, die Sauce 20 Minuten lang köcheln lassen und dabei gelegentlich umrühren.

4 Die Tomatenmischung durch ein Sieb in einen sauberen Topf streichen, aufkochen lassen, den Wein hinzufügen und beiseite stellen.

5 Für die Gnocchi: In der Zwischenzeit die Kartoffeln ca. 20 Minuten kochen, bis sie gar sind. Abgießen und pellen, sowie sie etwas abgekühlt sind.

6 Das Mehl in eine Schüssel sieben und in der Mitte eine Mulde drücken. Die Eier aufschlagen und hineingeben.

Bitte umblättern

7 Die Kartoffeln aus einer gewissen Höhe, damit sie locker luftig fallen, durch ein Sieb auf die Eier und das Mehl drücken. Reichlich salzen und die Butter hinzugeben. Mischen und gut durchkneten, bis ein glatter Teig entsteht. Falls nötig, noch etwas Mehl hinzufügen.

8 Mit bemehlten Händen den Teig zu 2,5 cm dicken Rollen formen und in etwa 2 cm dicke Stücke schneiden. Jedes Stück mit einem Finger flach drücken und den Finger dann zu sich herziehen, damit sich die Ränder etwas aufwellen.

9 In einem großen Topf Salzwasser zum Kochen bringen und 20 Gnocchi hineingeben. Die Hitze reduzieren und die Gnocchi 2 bis 3 Minuten ziehen lassen, bis sie an die Wasseroberfläche steigen. 30 Sekunden warten, die Gnocchi mit einem Schöpflöffel aus dem Wasser heben und warm stellen. Den Vorgang mit den restlichen Gnocchi wiederholen.

10 Die Tomatensauce aufwärmen, über die fertigen Gnocchi geben und mit geriebenem Parmesankäse bestreut servieren.

Schiacciata dolce ～ SÜSSES FLADENBROT

Dieses Rezept habe ich bereits in VegItalia vorgestellt und aufgrund seiner Beliebtheit immer wieder in meinen Workshops zubereitet. Daher konnte ich auch nicht widerstehen, es in diesen Band erneut aufzunehmen. Schiacciata bedeutet »zerdrückt werden« beziehungsweise »flachgedrückt werden«, und in Italien existieren zahlreiche Variationen dieses Rezepts. Der Teig des Brotes wird geschlagen und schmeckt leicht süßlich. Daher passt das Brot, warm serviert, wunderbar zum Frühstück oder Tee.

Ergibt einen großen Laib
175 ml plus 2 EL Wasser, handwarm
15 g frische Hefe
275 g ungebleichtes Mehl und zusätzlich etwas Mehl zum Bestäuben
1 TL Olivenöl
1 großes verquirltes Ei
150 g zerlassene Butter
40 g Zucker
je 1 EL abgeriebene Schale einer unbehandelten Zitrone und Orange
1/4 TL Safranpulver
1 EL Vanilleextrakt
Puderzucker zum Bestäuben

～ Zafferano

Safran besteht aus den Narbenfäden einer Krokusart, und es müssen etwa 40 000 Blüten von Hand gepflückt werden, um 250 g Safran zu gewinnen. Safran hat einen würzigen, bitteren Geschmack und einen durchdringenden Geruch, daher verwendet man ihn stets in kleinen Mengen. Der Risotto Milanese ist ohne ihn nicht denkbar.

1 Das Wasser in eine Schüssel gießen, die Hefe darin auflösen und 5 Minuten gehen lassen. Nach und nach das Mehl hinzugeben und mit den Händen zu einer Teigkugel verkneten. Auf einer leicht bemehlten Arbeitsfläche den Teig kräftig durchwalken.

2 Mit dem Öl eine Schüssel ausfetten. Den Teig darin wälzen, bis er mit Öl bedeckt ist. Die Schüssel abdecken und den Teig etwa eine Stunde gehen lassen, bis er sein Volumen verdoppelt hat.

3 Den Teig in der Schlüssel schlagen, anschließend Eier, geschmolzene Butter (bis auf 2 EL), Zucker, Zitronen- und Orangenschalen, Safran und Vanille hinzugeben. Die Zutaten mit einem Holzlöffel leicht unterrühren und anschließend zehn Minuten lang rühren, bei Bedarf noch etwas Mehl untermischen.

4 Mit der Hälfte der verbleibenden Butter eine 30 × 25 cm große Backform einfetten und mit einem Spachtel den Teig in die Form geben und in die Ecken streichen. Die restliche Butter auf den Teig pinseln. Den abgedeckten Teig an einem warmen Ort ca. 1 1/2 Stunden gehen lassen.

5 Den Ofen auf 200 °C/Gasherd Stufe 4 vorheizen. Das Brot etwa 20–25 Minuten lang goldbraun backen. Auf einem Rost auskühlen lassen. In Vierecke schneiden und mit Puderzucker bestäuben.

Risotto al salto ～ Knuspriger Risottokuchen

Wenn Mailänder Köche etwas Risotto übrig haben, braten sie ihn in einer dünnen Schicht, bis er gold-braun und knusprig ist. Man kann ihn wie hier einfach so servieren oder als knusprigen Deckel auf einem dampfend heißen, cremigen Risotto. Dieser gelbe Risotto passt wunderschön in dieses Kapitel, da seine Farbe den Frühling symbolisiert.

1 In einem Topf zuerst 80 g der Butter schmelzen, die Schalotten hineingeben und glasig dünsten. Den Reis hinzufügen und kurz anbraten, damit er das Fett und das Zwiebelaroma aufnimmt.

2 Den Wein hinzugeben und solange köcheln lassen, bis dieser verdampft ist. Den Safran in einem Esslöffel der heißen Gemüsebrühe auflösen und zugeben.

3 Mit Pfeffer abschmecken und fünfzehn Minuten kochen lassen, dabei unter ständigem Rühren mit einem Holzlöffel nach und nach die Gemüsebrühe zugießen. Zum Ende der Kochzeit sollte der Reis fast trocken sein. Mit Salz abschmecken. Den Reis auf ein Brett streichen und abkühlen lassen.

4 Die Hälfte der verbleibenden Butter in einer Pfanne zerlassen und den Boden der Pfanne mit einer etwa 6 mm dicken Reisschicht bedecken. Den Reis leicht andrücken. Bei schwacher Hitze ca. 20 Minuten lang knusprig werden lassen.

5 Den Reis auf einen flachen Teller geben und die restliche Butter in der Pfanne zerlassen. Den Reis mit der weichen Seite nach unten zurück in die Pfanne gleiten lassen und diese Seite knusprig werden lassen. Dabei die Pfanne gelegentlich leicht schütteln, damit der Reis nicht anklebt.

6 Den Reiskuchen auf einen Teller geben und mit Parmesankäse bestreuen. In Tortenstücke geschnitten rasch als Vorspeise servieren.

Für 6 Personen

140 g Butter
3 Schalotten, geschält und fein gehackt
300 g Risottoreis
120 ml trockener Weißwein
1/2 TL Safran
1 l Gemüsebrühe (siehe Seite 128)
Meersalz und frisch gemahlener schwarzer Pfeffer
6 EL frisch geriebener Parmesankäse

∾ Menta

Minze wächst wild oder als Kulturpflanze überall auf der Welt. Es gibt zahlreiche verschiedene, zum Teil schwer unterscheidbare Arten, darunter viele Kreuzungen. Zu den bekanntesten Arten zählen Spearmint (Mentha spicata, die beliebteste Minze in England), Pfefferminze (Mentha x piperita, eine Kreuzung zwischen Mentha aquatica oder Wasserminze mit Spearmint), Poleiminze (Mentha pulegium) und Apfelminze (Mentha rotundifolia). Minze gehört zu meinen Lieblingskräutern, daher verwende ich sie beim Kochen sehr häufig. Ich finde, das einzigartige Aroma passt hervorragend zu süditalienischen Zutaten und bewirkt zusammen mit Zucchini, Tomaten, Kartoffeln, in Saucen und Marinaden oder zu Fisch wahre Wunder. Außerdem lässt sich damit ein wunderbares Minzepesto herstellen, das zu Pasta, Gnocchi und zu Risotto schmeckt.

Frittata dell'erbe selvatiche ∾ WILDKRÄUTEROMELETTE

Ich liebe Omelettes, denn sie lassen sich so spontan zubereiten – in den meisten Küchen werden die Grundzutaten dafür stets vorrätig sein. Diese *frittata* schmeckt am besten, wenn man die Kräuter frisch aus dem Garten holen und dabei seine Lieblingskräuter auswählen kann.

Für 4 Personen
4 große Eier
1 Knoblauchzehe, geschält und gepresst
1 TL frisch gehackte Thymianblätter
1 Hand voll frisch zerpflückte Basilikumblätter
1 Hand voll frisch gehackte Minzeblätter
1 TL frische Rosmarinblätter
Meersalz und frisch gemahlener schwarzer Pfeffer
3 EL Olivenöl
1 mittelgroße weiße Zwiebel, geschält und fein gehackt

1 In einer großen Schüssel die Eier mit dem Knoblauch, den Kräutern sowie Salz und Pfeffer kräftig verquirlen.

2 In einer großen Pfanne (25 cm Durchmesser) bei mittlerer Hitze das Öl erhitzen. Die gehackte Zwiebel darin glasig dünsten, die Eiermischung darüber geben und bei mittlerer Hitze die Unterseite goldbraun backen.

3 Den Grill vorheizen und die *frittata* ca. 6 Minuten lang darunter stellen, bis sie goldbraun und locker ist. In Tortenstücke schneiden und sofort servieren.

Gnocchi di pane ~ Brotgnocchi

Nie würde ein guter Koch in Italien etwas umkommen lassen. Da Weißbrot so schnell hart wird, sind viele Rezepte entstanden, um es dann doch noch verwenden zu können. Diese Brotgnocchi sind sehr leicht, und mit dem wunderschönen Kräuteraroma schmecken sie hervorragend zu Tomatensauce oder Pesto.

Für 6 Personen
250 g trockenes Brot, Rinden entfernt, fein gehackt
1 Hand voll frisch gehackte Minzeblätter
je 1 TL frische, fein gehackte Majoran-, Thymian- und Rosmarinblätter
1 EL getrocknetes Rosmarin
140 g Parmesankäse, frisch gerieben
2 große Eier, leicht verquirlt
2–3 EL Vollmilch
1 großzügige Prise frisch gemahlene Muskatnuss
Meersalz und frisch gemahlener schwarzer Pfeffer
Mehl zum Bestäuben

Zum Servieren:
250 g Tomatensauce mit Minze (siehe Seite 43)
1 Hand voll in Streifen geschnittene Rucolablätter
gehobelter Parmesankäse (nach Belieben)

1 Für die Gnocchi: Brotkrumen, Kräuter, Käse, Eier, Milch, Muskatnuss, Salz und Pfeffer miteinander vermischen und solange kneten bis ein fester Teig entsteht. Ist die Mischung zu trocken, noch etwas Milch hinzufügen, ist sie zu feucht, etwas Mehl untermischen.

2 Auf einer mit Mehl bestäubten Arbeitsfläche den Teig in vier Teile teilen. Aus jedem Teil eine 2,5 cm dicke Rolle formen und diese in jeweils 1 cm große Stücke schneiden.

3 In einem großen Topf mit sprudelnd kochendem Salzwasser die Gnocchi solange kochen, bis sie an die Oberfläche aufsteigen. Nach etwa 30 Sekunden die Gnocchi mit einem Schöpflöffel aus dem Wasser holen und in eine vorgewärmte Schüssel geben.

4 Die heiße Tomatensauce darüber gießen und mit den Rucolablätter bestreuen. Wer mag, gibt noch gehobelten Parmesankäse darüber. Ich füge häufig noch ein paar Spritzer extra natives Olivenöl hinzu.

Salsa di pomodori con menta ~ Tomatensauce mit Minze

Ich habe eine besondere Leidenschaft für Minze mit Tomaten, denn sie ergänzen sich vorzüglich. Zum ersten Mal habe ich mich an dieser Kombination in Sizilien während einer atemberaubend heißen Mittagszeit erfreut.

Für 6 Personen
500 g frische sonnengereifte Tomaten
  1 Zwiebel, geschält und gehackt
2–3 frische Lorbeerblätter
  1 EL abgetropfte Kapern
  2 Hand voll frische Minzeblätter
  2 geschälte Knoblauchzehen
  1 TL Zucker
Meersalz und frisch gemahlener
  schwarzer Pfeffer
  1 TL getrocknete Chili (peperoncino)
  2 EL fruchtiges extra natives Olivenöl

1 Die Tomaten vierteln, das Öl in einem mittelgroßen Schmortopf erhitzen und die Tomaten zusammen mit der Zwiebel und den Lorbeerblättern 20 Minuten lang köcheln lassen. Die Lorbeerblätter herausnehmen, die Tomaten durch ein Sieb oder eine Gemüsemühle (mouli di legume) pressen, die Sauce zurück in den Topf geben und weitere 25 Minuten eindicken lassen.

2 Während die Sauce kocht, Kapern, Minze und Knoblauch vermischen und beiseite stellen.

3 Wenn die Sauce fast fertig ist, Zucker, Salz, Pfeffer und Chili hinzufügen und abschmecken. Auf kleiner Flamme 10 Minuten weiter köcheln lassen. Den Herd ausschalten, die Minzemischung und das Öl unterrühren, und die Sauce ist fertig.

Grancevola al limone ~ KRABBEN MIT ZITRONE

Grancevole sind große, sehr zarte Seespinnen, die es in Italien nur in Venedig gibt. Dort gelten sie als Delikatesse und werden lediglich mit Zitronensaft serviert, um das feine Aroma nicht zu überdecken. Man kann jedoch selbstverständlich auch andere Krabbenarten wählen.

Für 6 Personen
6 ca. 200 g schwere Seespinnen
18 Salatblätter
125 ml extra natives Olivenöl
Saft von 1–2 Zitronen
1 Bund frisch gehackte, glatte
   Petersilie
Meersalz und frisch gemahlener
   schwarzer Pfeffer

1 In einem großen Topf Salzwasser zum Kochen bringen und die Krabben (wenn möglich noch lebendig) hineingeben. 10 Minuten oder bis sie eine rosa Farbe haben kochen und anschließend im Kochwasser abkühlen lassen.

2 Die gekochte Seespinne auf den Rücken legen, den Hinterleib kreisrund einschneiden, den Deckel abheben; mit einem Löffel den Panzer etwas aufdrücken und das Fleisch herausnehmen. Die Eingeweide und den Magen entfernen, den Rogen – bei Krebstieren Corail genannt –, falls vorhanden, aufbewahren. Den Panzer säubern und gut auswaschen.

3 Drei Salatblätter auf jeden Teller verteilen und den Krabbenpanzer darauf legen. Das Krabbenfleisch mit dem Öl, dem Zitronensaft, der Petersilie und etwas Salz und Pfeffer mischen. Das Fleisch zurück in die Panzer geben. Den Rogen (falls vorhanden) über die gefüllten Panzer verteilen und servieren.

~ Granchio

Krabben sind in Italien sehr beliebt, und viele der besten Rezepte kommen aus der Gegend um Venedig herum. Dort gilt die Seespinne als Königin unter den Krebstieren. Das merkwürdig aussehende Tier hat fünf lange Beinpaare mit zwei winzigen Scheren, die so um den Körper angeordnet sind, dass sie der Krabbe das Aussehen einer Spinne verleihen. Der Panzer ist mit scharfen Höckern bedeckt. Auch größere und kleinere Krabben sind in Italien äußerst beliebt, letztere vornehmlich in Fischsuppen und Eintöpfen. Krabbenfleisch wird wie oben »angemacht« gegessen oder in Nudelsaucen und Meeresfrüchtesalaten.

∼ Gamberi/Gamberetti

Garnelen gibt es in unterschiedlicher Größe und Farbe. Das Spektrum reicht von der kleinen durchscheinenden, fast durchsichtig rosafarbenen Tiefseegarnele bis hin zur dunkelblaubraunen Riesen- oder Tigergarnele. Sie leben sowohl in kalten wie auch in tropischen Gewässern; die großen Arten bevorzugen jedoch überwiegend die warmen Gewässer und kommen bei uns meist tiefgefroren auf den Markt. Man sollte sie möglichst roh und ungeschält kaufen, denn die Schale ist der Garant dafür, dass sie noch saftig sind, und kann zudem für Fischeintöpfe verwendet werden. Egal welche Art man wählt, meine Empfehlung lautet, dass sie ganz, ganz frisch sein sollten: Es lohnt sich wirklich, einen zuverlässigen Händler in der Nähe aufzutun. Garnelen können gebraten oder gekocht werden und eignen sich hervorragend für Nudelsaucen und Risotti. Zudem schmecken sie ganz vorzüglich in Meeresfrüchtesalaten.

Spaghetti alla casorza ∼ SPAGHETTI MIT GARNELEN

Das folgende Rezept gehört sicherlich zu den schnellsten, leckersten und einfachsten Rezepten dieser Sammlung. Ich habe dieses Gericht zum ersten Mal in einem kleinen Fischerdorf in Ligurien gegessen. Es lässt sich ganz leicht nachkochen, allerdings sollten die Zutaten wirklich von bester Qualität sein. Ich könnte mir vorstellen, dass dieses Rezept schnell zu Ihrem Stammrepertoire gehören wird.

Für 6 Personen
400 g rohe Tiger- oder Schiffskielgarnelen (tiger prawns), die besten und frischesten, die Sie bekommen können
4 EL Olivenöl
2 Knoblauchzehen, geschält und gepresst
1 Bund frisch gehackte, glatte Petersilie
1 mittelgroße Chili, fein gehackt
5 EL trockener Weißwein
300 g italienische Eiertomaten aus der Dose, gewürfelt
350 g Spaghetti
Meersalz und frisch gemahlener schwarzer Pfeffer

1 Die Garnelen schälen und säubern.

2 Das Öl in einen großen Topf erhitzen und unter ständigem Rühren, damit nichts anbrennt, Knoblauch, Petersilie und Chili hinzugeben. Anschließend die Garnelen hinzufügen und eine Minute mit anbraten. Mit dem Weißwein ablöschen, die Tomaten hinzugeben und weitere 2–3 Minuten köcheln lassen.

3 In der Zwischenzeit die Nudeln in sprudelnd kochendem Salzwasser garen.

4 Die Nudeln abtropfen lassen, in den Topf mit der Sauce geben, würzen, abschmecken und sofort servieren.

Teglia di spada ~ MARINIERTER SCHWERTFISCH

Wirklich frisch zubereitet, schmeckt dieses Gericht unnachahmlich gut. Schwertfisch wird hauptsächlich in der Meerenge zwischen Sizilien und Afrika gefangen. Meist wird der Fisch auf einem Holzkohlegrill zubereitet und mit Zitrone und Kapern serviert.

Für 6 Personen

6 ca. 175 g schwere Schwertfischsteaks
Meersalz und frisch gemahlener
   schwarzer Pfeffer
250 ml trockener Weißwein
1 frischer Rosmarinzweig
4 Knoblauchzehen, geschält und fein
   gehackt
1 Hand voll frisch gehackte Minzeblätter
4 EL Olivenöl
100 g Semmelbrösel
3 EL Kapern, gesalzen, abgetropft
   und gehackt
Saft einer Zitrone

1 Die Schwertfischsteaks in eine Schüssel geben und mit Salz und Pfeffer würzen. Den Wein darüber gießen. Die Rosmarinblätter fein hacken und mit der Minze und dem Knoblauch über den Fisch geben. Mindestens 1 Stunde ziehen lassen.

2 Den Fisch aus der Marinade nehmen, diese jedoch aufbewahren. Eine große Pfanne mit Öl auspinseln und erhitzen. Die Steaks in einer Mischung aus Semmelbröseln und Kapern wälzen. Jeweils 2–3 Steaks gleichzeitig von beiden Seiten braten und gegen Ende der Garzeit mit der Marinade begießen. Alles in allem sollte dies etwa 8 Minuten dauern.

3 In einer kleinen Schüssel das restliche Öl mit dem Zitronensaft verquirlen, über den Fisch gießen und noch ein paar Minuten mitgaren lassen. So bleibt der Fisch zart. Sofort servieren.

~ Pesce spada

Schwertfisch war einst eine im Mittelmeerraum sehr häufig vorkommende Fischart, vor allem entlang der Küste Kalabriens und um Sizilien herum, doch Überfischung hat dazu geführt, dass dieser Fisch inzwischen meist aus anderen Ländern importiert wird. Schwertfische sind aggressive, einsame Jäger und können eine beachtliche Körpergröße erreichen. Niemand weiß genau, wozu das Schwert dient ...

Gelegentlich kann man Steaks aus zart pfirsichfarbenem Schwertfischfleisch bekommen. Die günstigste Jahreszeit für den Kauf von Schwertfischfleisch ist April/Mai, doch mittlerweile ist es auch das ganze Jahr über zu bekommen. Das zarte Fleisch verfärbt sich beim Kochen weißlich, neigt jedoch dazu, trocken zu werden, daher sollte es vor der Zubereitung mariniert werden und keinesfalls zu lange gekocht werden. Schwertfischsteaks können wie Kalbsschnitzel paniert und gebraten werden, oder über einem Holzkohlefeuer gegrillt werden (dazu passt wunderbar eine kalte, scharfe Sauce).

Pesci serra ai fiori di zucca ∼ Fisch in Zucchiniblüten

Dieses Rezept sollte man im späten Frühling oder zu Sommerbeginn kochen. Durch die leuchtende Farbe ist es ein imposanter Blickfang auf dem Tisch und zeichnet sich zudem durch köstlichen Geschmack aus. Zucchiniblüten bekommt man von Mai bis Juni beim Gemüsehändler (am besten im Voraus bestellen) oder, noch einfacher, man zieht selbst Zucchini im Garten.

Für 6 Personen
- 8 mittelgroße Zucchini
- 4 EL Olivenöl
- 2 Knoblauchzehen, geschält und gepresst
- 175 ml trockener Weißwein
- Meersalz und frisch gemahlener schwarzer Pfeffer
- 675 g Schwertfischsteaks, 2,5 cm dick, Haut entfernt
- 24 Zucchiniblüten
- 1 großes Ei, verquirlt

1 Mit einem scharfen Küchenmesser 4 Zucchini der Länge nach in 2 mm dünne Scheiben schneiden, sodass sich 24 Scheiben ergeben.

2 Einen großen Topf mit Wasser füllen und zum Kochen bringen. Salz hinzufügen. Die Zucchinischeiben im kochenden Wasser 2 Minuten lang, bis sie biegsam sind, blanchieren.

3 Die verbleibenden 4 Zucchini fein würfeln. In einer Pfanne Olivenöl erhitzen und bei mittlerer Hitze die gewürfelten Zucchini, Knoblauch und den Weißwein zufügen und 2 Minuten lang kräftig kochen lassen. Mit Salz und Pfeffer abschmecken und beiseite stellen.

4 Den Fisch in 24 Stücke schneiden (etwa 6 cm lang und 1 cm breit). Mit Salz und Pfeffer einreiben.

5 Die Zucchiniblüten öffnen und die Stempel entfernen. Unter kaltem Wasser waschen und mit Küchenpapier trocken tupfen. Das Innere der Blüten mit dem verquirlten Ei auspinseln und jeweils eine Blüte der Länge nach um ein Fischstück wickeln. Jeweils eine blanchierte Zucchinischeibe um die Mitte jedes Stücks wickeln und die Fischpakete auf die Zucchinimischung in die Pfanne legen.

6 Die Pfanne abdecken und 7–10 Minuten dünsten, bis der Fisch gar ist.

Limone ∼ ZITRONE

Die Zitrone gehört zur tropischen und subtropischen Familie der Zitrusfrüchte. Die Früchte wachsen an kleinen 3–6 Meter hohen Bäumen und behalten in den Tropen häufig ihre grüne Farbe, statt das uns vertraute Gelb anzunehmen. Zitrusfrüchte stammen vermutlich aus China und Südostasien, obwohl sich die Zitrone selbst angeblich in Indien entwickelt hat. Mit den Arabern gelangte sie in den Mittelmeerraum, zuerst nach Spanien, später nach Norditalien, von wo sie sich über Sizilien über das gesamte Mittelmeergebiet ausbreitete. Ende des zehnten Jahrhunderts nutzte man die Zitrone in muslimischen Ländern als Heilmittel. Es war übrigens Kolumbus, der die Zitrone nach Haiti (Karibik) brachte.

Ibn Sina (latinisiert Avicenna), persischer Philosoph und Arzt, verschrieb die Zitrone als Medizin gegen Schwangerschaftsbeschwerden, Magenverstimmungen und Übelkeit.

In der heutigen Zeit sagt man der Frucht diese Tugenden zwar nicht mehr nach, doch zweifellos besitzt die Zitrone eine außergewöhnliche wissenschaftliche Reputation. Vielen Medizinern war die desinfizierende Eigenschaft der Zitronensäure bekannt, die auch antioxidierend wirkt – einen aufgeschnittenen Apfel oder eine Artischocke daran hindert, sich braun zu verfärben.

Auch weiß man schon lange den hohen Vitamin-C-Gehalt der Frucht zu schätzen. Britische Matrosen, die an Vitamin-C-Mangel (dem so genannten Skorbut) litten, wurden »geheilt«, als man Ende des achtzehnten Jahrhunderts die nützlichen Eigenschaften der Zitrone erkannte. (Dieses brachte den englischen Matrosen bei den Amerikanern den Spitznamen British »limeys« ein.)

Doch in der Küche kommen die Qualitäten der Zitrone, die säuerliche Würze und das unnachahmliche Aroma, am besten zur Geltung. In Italien gehören Zitronen zu den Grundzutaten und werden für fast alles verwendet – für Süßes wie Pikantes und sogar im Haushalt. Mein Großvater sagte immer »Zitronen sind die beste Medizin«.

Broccoli al limone ed erbe ∼

BROKKOLI IN ZITRONENKRÄUTERSAUCE

Für mich versinnbildlicht dieses Gemüse auf geradezu magische Weise die italienische Küche – pur gekocht, einfach zubereitet und köstlich. Lassen Sie nichts von der Sauce umkommen, sondern machen Sie es wie die Italiener und tunken Sie scarpetta, »einen kleinen Schuh«, aus Brot in die restliche Sauce.

Für 4 Personen
500 g Brokkoli, in einzelne Röschen
    geteilt
Meersalz und frisch gemahlener
    schwarzer Pfeffer

SAUCE:
    1 Zwiebel, geschält und fein gehackt
    6 Knoblauchzehen, geschält und fein
      gehackt
    2 frische Thymianzweige, die Blätter
      von den Stielen gezupft
    2 EL frische, fein gehackte, glatte
      Petersilie
geriebene Schale und Saft von
    2 Zitronen
125 ml Olivenöl

1 Bereiten Sie zunächst die Sauce zu, indem Sie alle Zutaten in ein Gefäß mit Deckel geben, gut schütteln und das Ganze ziehen lassen (je länger, desto besser). Vor dem Servieren durch ein Sieb geben.

2 Den Brokkoli *al dente* kochen.

3 Den noch warmen Brokkoli mit der Sauce übergießen und sofort servieren.

Pastiera ～ OSTERKUCHEN

Pastiera ist ein traditionelles neapolitanisches Ostergebäck. Jede Familie besitzt ihr eigenes Rezept und diskutiert es ausgiebig mit Freunden und Nachbarn, jeder kostet den Osterkuchen des anderen und gibt anschließend seine Meinung kund. Um Ostern herum wird dieser Kuchen oft eine Woche lang Gästen angeboten, meistens verbleibt er dabei in der Backform, in der er in den Ofen geschoben worden ist.

Für 8 Personen

TEIG:

250 g Mehl
125 g weiche Butter
 50 g brauner Zucker
  1 großes Eigelb

FÜLLUNG:

150 g ganze Weizenkörner (aus dem
      Reformhaus)
325 ml Vollmilch
frisch geriebene Schale von 4 Zitronen
      (oder 2 Orangen)
120 g brauner Zucker
  1 TL Vanilleextrakt
250 g Ricotta
  3 große Eigelbe
  2 EL Zitronat
  1 EL Orangeat
  1 EL kandierter, gehackter Kürbis
      (nach Belieben)
etwas Zimt
  2 Eiweiß

1 Das Getreide über Nacht in kaltem Wasser einweichen.

2 Für den Teig: Mehl, Butter, Zucker und Eigelb verkneten, zu einer Kugel formen und ruhen lassen, während die Füllung zubereitet wird.

3 Das Getreide abtropfen lassen und mit Milch, Zitronenschale und einem Esslöffel Zucker vermischen. Bei geringer Hitze köcheln lassen, bis die Mischung cremig wird und aussieht wie Haferbrei. Vom Herd nehmen und die Vanille unterrühren. Abkühlen lassen.

4 Den Ofen auf 180 °C/Gasherd Stufe 3 vorheizen.

5 Ricotta, 3 Eigelb, den restlichen Zucker, die Getreidemischung, Zitronat und Orangeat, kandierten Kürbis und Zimt miteinander vermischen. Eiweiß steif schlagen und unterheben.

6 Drei viertel des Teiges ausrollen und eine Springform (23 cm Durchmesser) damit auskleiden. Die Ricottamischung hineingeben. Den verbleibenden Teig ausrollen und mit einem Teigrad in 1 cm breite Streifen schneiden.

7 Die Teigstreifen gitterartig über die Füllung legen und die Enden etwas andrücken. Eine Stunde im vorgeheizten Ofen backen, bis der Teig goldbraun ist. Die Stäbchenprobe machen. Vor dem Servieren auskühlen lassen.

Torta di limone I ~ ZITRONENKUCHEN I

Kartoffelmehl ist überall erhältlich und ergibt einen sehr viel lockeren Teig. Es lohnt sich wirklich, diese Mischung zu versuchen, denn viele Kuchen gelingen damit besser. In Italien bekommt man fertigen Vanillepuderzucker in wunderbar altmodischen Wachspapiertütchen. Doch er lässt sich auch leicht selbst herstellen, indem man Vanilleschoten auskratzt, das Mark mit Puderzucker vermischt und etwas durchziehen lässt.

Für 6 Personen
12 große Eier, getrennt
200 g brauner Zucker
frisch abgeriebene Schale und Saft von
    4 unbehandelten Zitronen
frisch abgeriebene Schale einer Orange
150 g frisch gehackte Walnüsse (Baum-
    nüsse)
115 g Kartoffelmehl
175 g Weizenmehl
$1/2$ Teelöffel feines Meersalz
Vanillepuderzucker zum Bestäuben

1 Den Ofen auf 170 °C/Gasherd Stufe 2–3 vorheizen und eine 25 cm lange Kuchenform ausfetten.

2 Mit einem elektrischen Handrührgerät das Eigelb schlagen, bis es weißlich und schaumig ist.

3 Zucker, Zitronensaft, Zitronen- und Orangenschalen und die Nüsse nach und nach unterrühren und solange weiterrühren, bis die Mischung glatt ist.

4 Das Salz unters Mehl mischen und beide Mischungen nach und nach in das aufgeschlagene Eigelb geben.

5 Das Eiweiß steif schlagen und unterheben.

6 Mit einem Löffel in die vorbereitete Backform füllen und im vorgeheizten Ofen eine Stunde lang backen.

7 Aus dem Ofen nehmen, stürzen, auf einem Kuchenrost abkühlen lassen und mit Vanillepuderzucker bestäuben.

Torta di limone II ~ Zitronenkuchen II

Dieses Rezept wird alle Käsekuchenliebhaber erfreuen. Der Geschmack ist sehr intensiv. Meine Tante benutzt für diesen Kuchen einen Käse, den es nur im Süden Italiens gibt. Hüttenkäse kommt hier meiner Vorstellung am nächsten.

Für 6 Personen

TEIG:

250 g Vollwertkekse (vorzugsweise mit Honig gesüßt)

frisch abgeriebene Schale einer unbehandelten Zitrone

1 TL Zimt

120 g geschmolzene Butter

FÜLLUNG:

125 g Hüttenkäse, abgetropft

250 g Frischkäse mit einem Fettanteil von über 70% F. i. Tr.

100 g Zucker

3 große Tropfen Vanilleextrakt

2 große Eier, verquirlt

frisch abgeriebene Schale von 3 Zitronen

1 TL Zitronensaft

100 ml Crème double

frisch gemahlene Muskatnuss

1 Den Ofen auf 180 °C/Gasherd Stufe 3 vorheizen.

2 Für den Teig: Kekse in eine Plastiktüte füllen und mit einer Teigrolle zerbröseln. In eine Schüssel geben und mit der Zitronenschale, dem Zimt und der geschmolzenen Butter vermischen.

3 Die Teigmischung in eine Springform (20 cm Durchmesser) füllen, fest andrücken und glatt streichen. Kaltstellen.

4 In einer großen Rührschüssel den abgetropften Hüttenkäse mit dem Frischkäse, Zucker und Vanille verrühren. Die Eier zugeben und weiter rühren, bis die Masse etwas flüssig wird. Die Zitronenschale hinzufügen und erneut rühren.

5 Die Mischung auf den Kuchenboden gießen und im vorgeheizten Backofen 25 Minuten backen.

6 Den Kuchen aus dem Ofen nehmen und die Temperatur des Ofens auf 230 °C/Gasherd Stufe 5–6 hochfahren. In der Zwischenzeit Zitronensaft und Crème double mischen und über den Kuchen gießen. Die Oberfläche leicht mit Muskatnuss bestäuben und für weitere 5 Minuten in den heißen Ofen stellen.

7 Den Rand der Springform abnehmen und den Käsekuchen vor dem Servieren 6–8 Stunden auskühlen und fest werden lassen.

Crema di latte ~ MILCHCREME

Diese weiße, cremige Süßspeise sieht wunderbar aus, wenn dazu je nach Saison frisches Obst gereicht wird, vor allem Kirschen oder Aprikosen, die in Italien früher erhältlich sind als bei uns. Später im Jahr passen auch frische Feigen hervorragend dazu.

Für 6 Personen
  5 große Eigelb
150 g Zucker
 85 g Mehl
  1 l Vollmilch
Schale einer unbehandelten Zitrone, als
    breite Spirale geschnitten
Prise Zimt

1 Die Eier durch ein Sieb in einen großen gusseisernen Kochtopf pressen. Zucker hinzugeben und verquirlen. Mehl zugeben und solange mit dem Schneebesen weiter verquirlen, bis sich das Mehl aufgelöst hat.

2 Nach und nach unter ständigem Rühren die Milch zugießen und verquirlen, bis eine glatte Masse entsteht. Den Topf erwärmen, die Zitronenschale zugeben und bei geringer Hitze etwa 20 Minuten weiter rühren, bis die Eiercreme eingedickt ist.

3 Die Masse in eine Schüssel gießen und die Zitronenschale herausnehmen. Mit einem eingefetteten Stück Backpapier abdecken, damit sich keine Haut bildet. Ist die Masse abgekühlt, mit Klarsichtfolie abdecken und kalt stellen.

4 Eine Viertelstunde vor dem Servieren die Creme aus dem Kühlschrank holen und mit Zimt bestreuen. Mit frischem Obst servieren.

Limoncello ~ ZITRONENLIKÖR

Dieser Likör wird überall in Süditalien hergestellt. Da das Aroma so wichtig ist, benutzt man stet unbehandelte Zitronen. In Italien verwenden wir reinen Alkohol, der andernorts meist nur über die Apotheke zu bekommen ist. Ein hochprozentiger Wodka ist wegen seines neutralen Geschmacks eine gute Alternative. Dieser Likör schmeckt hervorragend nach einer Mahlzeit, wenn Sie noch etwas Süßes mögen, einige Italiener gießen ihn auch über Eis. Meine Tante stellt ihn immer noch nach ihrem Geheimrezept her und verrät einfach nicht, was sie als besondere Zutat beimischt (wir vermuten jedoch, dass es sich um Minzeblätter handelt ...).

Für 6 Personen
    6 unbehandelte Zitronen
750 ml Wodka (oder reiner Alkohol)
230 g Zucker
450 ml Mineralwasser

1 Die Zitronen in eine Schüssel mit kaltem Wasser legen und eine Stunde darin ziehen lassen. Herausnehmen und mit Küchenpapier abtrocknen.

2 Mit einem Gemüseschälmesser vorsichtig die Schale der Zitronen abschälen, ohne dabei jedoch die weiße Haut mit abzuziehen.

3 Die Zitronenschalen in ein großes Glasgefäß geben, mit Wodka übergießen und das Gefäß verschließen. An einem dunklen Ort 20 Tage ruhen lassen.

4 Nach 20 Tagen Zucker und Mineralwasser in einem Topf aufkochen lassen, und umrühren, bis sich der Zucker aufgelöst hat. Vom Herd nehmen, abdecken und abkühlen lassen.

5 Das kalte Zuckerwasser mit der Zitronenschalenmischung verrühren, die Flüssigkeit durch ein Sieb geben, in sterile Flaschen abfüllen und luftdicht verschließen. Eine Woche lang an einem dunklen, kühlen Ort ruhen lassen.

6 Kalt servieren und angebrochene Flaschen im Kühlschrank aufbewahren.

Ferrigno aperitivo ∼ Ferrigno Familienaperitif

Dieser Cocktail löst wunderbar die Zunge, und mein Großvater bestand darauf, ihn bei jedem Familientreffen zu servieren. Ich habe ihn bei meiner letzten Buchpräsentation angeboten!

Pro Person
  2 Esslöffel Limoncello (siehe gegen-
     überliegende Seite)
Prosecco
Eis
  1 Zitronenscheibe
  1 Zweig frische Minze

1 Limoncello in ein großes Weinglas gießen und mit Prosecco auffüllen.

2 Eis, Zitronenscheibe und Minzezweig hinzugeben und sofort servieren.

Estate
~ Sommer

»Dort von dem Baum

pflücken wir Kirschen und gehen Erdbeeren klau'n;

Und draußen vor der Stadt

Sehen wir uns Tag für Tag

an drallen Mädchen beim Heumachen satt ...«

»Bermudas«, Andrew Marvell (1621–1678)

Acquacotta ∼ GEKOCHTE WASSERSUPPE

Diese klassische Suppe aus der Maremma im Süden der Toskana gibt es in vielen verschiedenen Variationen. Doch erstaunlicherweise ist meine nachhaltigste Erinnerung an diese Suppe ein heißer Sommertag in einem Restaurant in Saturnia: Nachdem ich den ganzen Tag in der Sonne gesessen und die Seele baumeln gelassen hatte, war diese Suppe äußerst erfrischend und angenehm!

Für 6 Personen
- 2 EL Olivenöl
- 500 g weiße Zwiebeln, geschält und in Scheiben geschnitten
- 2 Stangen Staudensellerie, fein geschnitten
- 2 Karotten, geschält und fein geschnitten
- 2 Knoblauchzehen, geschält und zerdrückt
- 500 g frische Eiertomaten
- 12 sehr dünne Scheiben grobes Brot
- 1,5 l kochendes Wasser
- 6 große Eier
- Meersalz und frisch gemahlener schwarzer Pfeffer
- 1 Bund frisch gehackte, glatte Petersilie
- 6 EL fruchtiges, extra natives Olivenöl

1 In einem großen Topf das Öl erhitzen und bei mittlerer Hitze die Zwiebeln glasig andünsten. Sellerie, Karotten und Knoblauch hinzugeben. Tomaten durch eine Gemüsemühle (Flotte Lotte) oder ein Sieb direkt in den Topf pressen. Die Mischung 20–30 Minuten bei schwacher Hitze köcheln lassen.

2 In der Zwischenzeit die Brotscheiben rösten und auf den Boden einer Suppenterrine legen. Das kochende Wasser zur Tomatenmischung geben und dann einzeln die Eier zum Pochieren hineinschlagen. Mit Salz und Pfeffer abschmecken und 10 Minuten köcheln lassen.

3 Die Suppe über die Brotscheiben gießen und 5 Minuten ruhen lassen, damit das Brot die Aromen aufsaugen kann. Mit Petersilie bestreuen, ein paar Tropfen Olivenöl darüber träufeln und heiß servieren.

∼ *Pomodoro*

Tomaten sind ursprünglich in Peru und Ecuador beheimatet und wurden schon lange bevor die spanischen Eroberer ihren Fuß auf südamerikanischen Boden setzten von den Azteken in Mexiko angebaut. Es ist schon erstaunlich, wie lange man ihnen argwöhnisch begegnete – vielleicht weil sie zur Familie der giftigen Nachtschattengewächse gehören. Der Name »Tomate« stammt ursprünglich von dem aztekischen Wort »tomatl« und kam über die spanische Ableitung – »tomate« – zu uns. In England und Frankreich wurde dieses Gemüse auch unter dem Namen »Liebesapfel« (love apple, pomme d'amour) bekannt und auf italienisch heißt es pomodoro *– »goldener Apfel« – denn tatsächlich waren die ersten in Europa bekannten Varietäten gelb. Im 16. Jahrhundert brachten die Spanier die Tomate mit nach Europa und aus Gerard's Herbal von 1597 kennen wir das Misstrauen, das man dieser Frucht im kühleren Norden entgegen brachte: »In Spanien und jenen warmen Regionen verspeisen sie gekochte und mit Salz, Pfeffer und Öl angerichtete Äpfel, die jedoch wenig nahrhaft sind, aber schnell verderben und faulen!« Erst 1890 gelangte die Tomate nach Deutschland und auch im Süden Italiens dauerte es noch sehr lange, bis man Tomaten als Nahrungsmittel ernst nahm.*

Pomodori ripieni di riso ～ Mit Reis gefüllte Tomaten

Mit Reis gefüllte Tomaten gehören während der Sommermonate in Rom zu den beliebtesten Speisen. Man kann sie warm essen, doch meist werden sie kalt serviert. Wichtig ist nur, wirklich reife Tomaten zu verwenden, keinesfalls wässrige, und diese mit vielen Kräutern, vor allem Oregano, zu würzen.

Für 6 Personen
- 6 große reife Tomaten
- 90 g Arborio Reis (Rundkorn-Reis)
- 1 Hand voll frischer Majoran
- 1 Hand voll Oregano (wilder Majoran)
- 1 Hand voll frische Minze
- 1 Bund frische Petersilie
- 60 ml Olivenöl
- 2 Knoblauchzehen, zerdrückt
- Meersalz und frisch gemahlener schwarzer Pfeffer

Zum Servieren:
extra natives Olivenöl und
etwas frisch geriebener Parmesankäse

1 Von jeder Tomate den Deckel abschneiden und die Tomaten sorgfältig aushöhlen. Das Tomatenfleisch durch ein Sieb in eine Schüssel passieren.

2 Reis, Kräuter, Öl, Knoblauch, Salz und Pfeffer dazugeben, miteinander vermengen und alles 30 Minuten ziehen lassen.

3 In der Zwischenzeit die Tomaten innen mit Salz bestreuen und verkehrt herum auf ein Gitter stellen, damit sie vollständig abtropfen können. Den Tomatensaft auffangen.

4 Den Ofen auf 180 °C/Gasherd Stufe 3 vorheizen. Die Tomaten mit der Reismischung füllen und auf jede Tomate etwas von dem Tomatensaft träufeln.

5 Die Tomaten mit Deckel in eine Backform setzen. Etwa eine Stunde lang im Ofen backen, beziehungsweise solange, bis der Reis weich ist, dabei nach und nach den restlichen Tomatensaft hinzugeben.

6 Vor dem Servieren etwas Olivenöl darüber träufeln und mit Parmesan bestreuen.

Salsa di pomodorini ~ KIRSCHTOMATENSAUCE

Pomodorini – sie werden örtlich auch *bomboloni* genannt – sind kleine, besonders süße und sehr delikate Tomaten. Sollten diese schon etwas überreif sein, kann man sie hervorragend mit dieser Sauce aufbrauchen. In Süditalien und auch in der Toskana werden diese Tomaten mit Stielen geerntet und an Haken in der Küche getrocknet. Sie sehen dann aus wie verschrumpelte Kirschen. Ihr konzentriertes, süßes Aroma wird für Suppen und Gerichte verwandt, die lange auf kleiner Flamme gekocht werden.

Für 4 Personen
600 g Kirschtomaten aus Freilandanbau mit Stielen
1 kleine weiße Zwiebel, geschält und fein gehackt
1 EL frisch gehackte Kräuter (Basilikum, Oregano, Petersilie, Thymian)
4 EL fruchtiges extra natives Olivenöl
Meersalz und frisch gemahlener schwarzer Pfeffer

1 Die Tomaten vierteln und die Kerne herauskratzen. Die Tomaten grob hacken und in eine kleine Schüssel geben.

2 Zwiebel, Kräuter, Olivenöl, Salz und Pfeffer dazu geben.

3 Alles verrühren und 10 Minuten ziehen lassen. Mit Bruschetta oder knusprigem Brot servieren.

Zucchini ~ Zucchini

Zucchini sind in Italien fast so beliebt wie
Tomaten, daher gibt es unzählige Rezepte, in
denen sie vorkommen. Inzwischen werden sie als
kleines, zartes Gemüse und wegen ihrer Blüten
gezüchtet, aber wenn man sie wachsen lässt wird
ihre Verwandtschaft zu den Riesenkürbissen
sichtbar. Neben Kürbissen zählen auch Gurken
und Melonen zu ihren Verwandten. Wie diese
stammen sie ursprünglich aus der Neuen Welt
und waren in Europa bis Ende des 16. Jahrhunderts unbekannt. Außerhalb Italiens waren
sie größtenteils sogar bis ins 19. Jahrhundert
hinein kaum bekannt.

In Italien jedoch waren sie seit jeher sehr
beliebt und werden in allen Landesteilen
angebaut. Man dünstet und sautiert sie, füllt sie,
frittiert sie für das *fritto misto* oder backt sie
mit Béchamel- oder Tomatensauce. Italienische
Zucchini gibt es in allen Größen und Formen
und auch farblich variieren sie von dunkelgrün
bis leuchtend gelb. Beim Kauf sollten sie nicht
länger als 15 cm sein, denn dann sind sie besonders zart und aromatisch. Die Schale sollte
fest und glänzend sein, niemals schrumpelig.
Größere Zucchini enthalten viel Wasser und sollten zunächst mit Salz bestreut werden, um ihnen
überschüssige Flüssigkeit zu entziehen (häufig
wird dadurch das Fleisch jedoch schlaff).

Die ganz kleinen Zucchini, die häufig noch
mit Blüte verkauft werden, schmecken etwas fad,
da sie nicht genug Zeit zur Geschmacksentwick-
lung hatten. Kochen mit Zucchiniblüten ist eine
recht neue – und sehr leckere – Entwicklung.
Man kann sie auf Märkten oder beim
Gemüsehändler erstehen, leider welken sie sehr
schnell (lassen sich jedoch in einer Schüssel mit
Eiswasser wieder beleben), daher ist es einfacher,
sie selbst anzubauen. Schon eine einzige Pflanze
bringt während der allzu kurzen Saison
genügend Blüten für zahlreiche, wundervolle
Gaumenfreuden hervor. Sie schmecken hervorragend gefüllt oder auf Pizzas und in Salaten.

Zucchini con aglio e menta ～

GEBACKENE ZUCCHINI MIT MINZE UND KNOBLAUCH

Für mich symbolisieren Zucchini den Sommeranfang, und ich genieße immer, auf welch vielfältige Art und Weise sie sich zubereiten lassen. Wählen Sie stets junge, zarte Zucchini. Ich gehe mit ihnen genau so sorgfältig um wie mit Auberginen.

Für 4 Personen
500 g mittelgroße Zucchini
  1 Hand voll frisch gehackte Minzeblätter
  1 Bund frisch gehackte, glatte Petersilie
  2 Knoblauchzehen, geschält und gepresst
200 g Semmelbrösel
  6 EL Olivenöl
125 g frisch geriebener Parmesankäse
Meersalz und frisch gemahlener schwarzer Pfeffer

1 Die Zucchini der Länge nach halbieren und evtl. die weichen Kerne herauskratzen. Die Zucchinihälften mit Salz bestreuen und mit der Schnittseite nach unten auf ein Holzbrett legen, damit etwas von der Flüssigkeit ablaufen kann.

2 Den Ofen auf 180 °C/Gasherd Stufe 3 vorheizen.

3 In einer Schüssel die gehackten Kräuter, Knoblauch, Semmelbrösel und Käse mischen. Die Hälfte des Olivenöls hinzugeben und mit einer Gabel verrühren. Mit Salz und Pfeffer abschmecken.

4 Die Zucchinihälften trocken reiben. Eine große tiefe Backform einfetten und die Zucchinihälften mit der Schnittfläche nach oben nebeneinander hineinsetzen. Auf jede Zucchinihälfte etwas von der Kräutermischung geben und mit Öl beträufeln. Die Backform mit Alufolie abdecken und für eine Viertelstunde in den Ofen stellen. Anschließend die Zucchini noch einmal für etwa 10 Minuten (je nach Größe unterschiedlich) ohne Folie in den Ofen stellen, bis sie zart und knusprig sind.

5 Noch einmal etwas Öl darüber träufeln und heiß oder auf Zimmertemperatur abgekühlt als Vorspeise servieren.

Zucchini al forno ~ Überbackene Zucchini

Als Leiterin von Kochkursen werde ich häufig gefragt, was man mit großen Mengen von Obst oder Gemüse machen kann. Natürlich stehen dabei Tomaten an erster Stelle, doch auch die leicht anzubauenden Zucchini können, da sie (solange es warm genug ist) kräftig wachsen, leicht ein Mengenproblem darstellen. Dieses Rezept ist eine einfache, jedoch sehr leckere Art, reife Zucchini zu genießen.

Für 4 Personen
- 3 EL Olivenöl
- 2 EL Weizenmehl
- 4 mittelgroße Zucchini, in große Stücke geschnitten
- 1 weiße Zwiebel, geschält und fein gehackt
- 1 Knoblauchzehe, geschält und gepresst
- 1 Dose (400 g) italienische Eiertomaten
- 1 Hand voll frische Minze, fein gehackt
- 1 Bund frische glatte Petersilie, fein gehackt
- Saft einer Zitrone
- 2 EL Semmelbrösel
- 2 EL frisch geriebener Parmesankäse
- Meersalz und frisch gemahlener schwarzer Pfeffer

1 Den Ofen auf 200 °C/Gasherd Stufe 4 vorheizen und eine Gratinform mit einem Esslöffel Olivenöl ausfetten.

2 Das Mehl in eine tiefe Schüssel geben und gut würzen. Die Zucchinistücke im Mehl wälzen.

3 In einer großen Pfanne 1 Esslöffel Olivenöl erhitzen und die Zucchinistücke bei mittlerer Hitze hellbraun anbraten. Aus der Pfanne nehmen und beiseite stellen.

4 Das restliche Öl in die Pfanne geben, Zwiebel und Knoblauch darin anbraten, Tomaten, Minze und die Hälfte der Petersilie untermischen und köcheln lassen. Nachwürzen und vom Feuer nehmen.

5 Die Hälfte der angebratenen Zucchinistücke in die Gratinform geben und mit der Hälfte des Zitronensafts beträufeln. Vorsichtig die Tomatenmischung darüber gießen und mit den restlichen Zucchini bedecken. Etwas andrücken und mit dem verbleibenden Zitronensaft beträufeln. Anschließend Semmelbrösel und Parmesankäse darüber streuen und mit Salz und Pfeffer würzen.

6 Im vorgeheizten Ofen etwa 20 Minuten goldbraun backen. Vor dem Servieren mit der restlichen Petersilie bestreuen.

Fiori di zucca ripieni ~

Mit Mozzarella und Anchovis gefüllte Kürbis- oder Zucchiniblüten

Als ich als Kind bei meiner Großmutter in Süditalien kochen lernte, entwickelte ich bereits eine besondere Vorliebe für Kürbis- und Zucchiniblüten. Sie können ganz unterschiedlich zubereitet werden, doch dieses Rezept ist eine neuere Variante aus Rom und wird als Belag für die berühmte *pizza bianca* verwendet. Ich hoffe, dass Zucchiniblüten bei uns genau so bekannt werden wie in Italien, denn sie sind einfach köstlich!

Für 6 Personen

16 große Kürbis- oder Zucchiniblüten
8 gesalzene Anchovis, gewaschen und filetiert
80 g frischer Mozzarellakäse, in 16 Würfel geschnitten
3 große, verquirlte Eier
100 g feine Semmelbrösel
Olivenöl
Meersalz und frisch gemahlener schwarzer Pfeffer

1 Die Stempel und Staubfäden aus den Blüten entfernen; Blüten anschließend unter kaltem Wasser abspülen und mit Küchenpapier trocken tupfen.

2 Jede Blüte mit einem Anchovisfilet und einem Stück Mozzarella füllen. Das obere Ende der Blüte so verdrehen, dass die Blüte nicht mehr aufgeht. In die verquirlten Eier tauchen und in den Semmelbröseln wälzen.

3 Eine große Pfanne 2,5 cm hoch mit Öl füllen und erhitzen. Wenn das Öl kleine Bläschen zeigt, die Blüten (immer nur 2–3 auf einmal) darin goldbraun frittieren. Mit einem Schaumlöffel herausholen und auf Küchenpapier abtropfen lassen.

4 Mit Salz und Pfeffer bestreuen und sofort verzehren.

Vermicelli con zucchini ~ Vermicelli mit Zucchini

Versuchen Sie für dieses Rezept »Striato d'Italia«-Zucchini zu erstehen. Sie sind dünner als gewöhnliche Zucchini, haben in Längsrichtung Rippen, sind knackiger und schmecken intensiver. In Italien ist es kein Problem, sie zu bekommen, und ich hoffe, sie werden auch bei uns immer bekannter. Bringen Sie sich einfach aus Ihrem nächsten Italienurlaub Samen mit und ziehen Sie sie selbst, sie wachsen bei uns genauso gut.

Für 6 Personen
150 ml Olivenöl
  1 kg mittelgroße Zucchini
120 g frisch geriebener Parmesankäse
120 g frisch geriebener Provolonekäse
  60 g in kleine Stücke geschnittene Butter
  1 Hand voll frisch zerrupfte Basilikum- und Minzeblätter
Meersalz und frisch gemahlener schwarzer Pfeffer
500 g Vermicelli-Nudeln

1 In einer tiefen Pfanne das Öl erhitzen. Die Zucchini in Scheiben schneiden und nach und nach im heißen Öl goldbraun anbraten. Anschließend in einer großen Schüssel beiseite stellen.

2 Die beiden Käsesorten, Butter Basilikum, Minze, Salz und Pfeffer hinzufügen.

3 Die Nudeln in reichlich sprudelnd kochendem Salzwasser *al dente* kochen. Gründlich abtropfen lassen und zurück in den Topf geben. Die Zucchinimischung hinzufügen und wenn nötig, noch etwas Olivenöl zugeben. Auf kleiner Flamme vorsichtig erhitzen, bis Butter und Käse geschmolzen sind und eine Sauce bilden. Sofort servieren.

Peperoni ~ PAPRIKA

Paprika (in der Schweiz: Peperoni) und die verwandten Arten dieser Pflanzengattung gehören wie Kartoffeln, Tomaten und Tabak zu den Nachtschattengewächsen (Solanaceae). Ursprünglich in Südamerika und Westindien beheimatet, kam die Paprika erst im 16. Jahrhundert mit den spanischen Eroberern nach Europa. Zur Familie der Paprikapflanzen gehört nicht nur die uns so vertraute große, süße, milde Gemüsepaprika, sondern Hunderte verschiedener Sorten von Gewürzpaprikas und Chilis. Zunächst kam bei uns lediglich die grüne Gemüsepaprika auf den Markt und später die rote Paprika, die allerdings nur die reife Form der grünen Paprika ist, doch mittlerweile gibt es diverse Neuzüchtungen in überraschend großer Farbvielfalt. So gibt es inzwischen auch gelbe, orange, weiße, ja sogar schwarze Schoten, und in Holland habe ich tatsächlich eine violette Sorte gesehen. Auch die Form kann variieren, doch die Glockenform ist nach wie vor am weitesten verbreitet. Achten Sie beim Einkauf auf glänzende, feste Früchte ohne Runzeln oder weiche Stellen. Je schwerer sie sich anfühlen, desto dicker ist das Fruchtfleisch.

In Italien verzehrt man Paprika roh in Salaten oder als *pinzimonio* (rohes Gemüse mit einem Dip aus Olivenöl) und zu *bagna cauda* (einer scharfen Knoblauch- und Anchovissauce), gefüllt und dann überbacken, gebraten, eingelegt und mit Tomaten und Zwiebeln gedünstet als *peperonata*, der italienischen Variante des Ratatouille. Ich mag sie besonders gern, wenn sie gegrillt und gehäutet als Vorspeise serviert werden oder nach dem Grillen und Häuten zu einer Pastasauce püriert werden.

Peperonata alla campagnola ～ PAPRIKA-GEMÜSERAGOUT

Ein klassisches Paprikagericht aus Süditalien, wo Paprika in Hülle und Fülle wächst. Ich glaube, fast jeder Haushalt hat seine »Gewürzmischung«. Mit Olivenöl bedeckte *peperonata* im Weckglas sind ein wunderschönes Geschenk für Freunde – Sommer pur!

FÜR 4 PERSONEN

6 EL Olivenöl

1 rote Zwiebel, geschält und in Scheiben geschnitten

2 Knoblauchzehen, geschält und in Scheiben geschnitten

2 große rote Paprika (Peperoni) und 2 große gelbe Paprika, entkernt und in Streifen geschnitten

Meersalz und frisch gemahlener schwarzer Pfeffer

350 g Eiertomaten, gehäutet und gewürfelt

350 g neue Kartoffeln (z. B. Nicola), geschält und in Würfel geschnitten

1 frische rote Chili, entkernt und fein gehackt

1 Bund frische, fein gehackte, glatte Petersilie

1 Hand voll fein gehackte Majoranblätter

1 In einer Gusseisenpfanne das Öl erhitzen und Zwiebel und Knoblauch darin etwa 5 Minuten leicht andünsten.

2 Paprika, Salz und Pfeffer hinzufügen und weitere 5 Minuten mitschmoren lassen, dabei gelegentlich umrühren.

3 Tomaten, Kartoffeln, Chili, Petersilie und Majoran hinzufügen. Abschmecken, gelegentlich umrühren und 20–30 Minuten abgedeckt köcheln lassen, bis die Mischung eingedickt ist. Warm oder kalt als Vorspeise servieren.

Crescenta di mozzarella e peperoni ~

TEIGKÜCHLEIN MIT MOZZARELLA UND GEGRILLTEN PAPRIKA

Diese knusprigen Teigküchlein habe ich bei einem Mittagessen mit meiner Mutter zum ersten Mal in einer *enoteca* in Florenz probiert. Wir konnten zusehen, wie sie belegt wurden und es daher kaum erwarten, bis wir hineinbeißen durften. Ich glaube, wir haben mehr gegessen, als für uns gut war …

Für 4 Personen
CRESCENTA:
230 g Weizenmehl
  1 Msp. Salz
  1 Msp. Bikarbonat
130 ml Vollmilch
Olivenöl zum Frittieren

SAUCE:
120 ml fruchtiges, extra natives
    Olivenöl
  1 Schalotte, geschält und fein
    gehackt
  6 marinierte, klein gehackte Anchovis
180 ml trockener Weißwein
  1 Knoblauchzehe, geschält und fein
    gehackt
  1 Hand voll zerpflückte Basilikum-
    blätter

1 Für die *crescenta:* Mehl, Salz, Bikarbonat, und Milch etwa 10 Minuten lang zu einem glatten Teig verkneten (Vorsicht: nicht zu lange kneten). In Folie wickeln und 1 Stunde ruhen lassen. Den Teig in kleine, golfballgroße Stücke teilen und zu Scheiben von ca. 18 cm Durchmesser sehr dünn ausrollen. Der Teig sollte 16 Scheiben ergeben.

2 Die Teigscheiben einzeln in reichlich Olivenöl frittieren, die Pfanne dabei kräftig schütteln, bis die Teigscheiben luftig und knusprig goldbraun sind. Auf Küchenpapier abtropfen lassen und mit Salz bestreuen. Bis zum Servieren warm halten.

3 Für die Sauce: In einer kleinen Pfanne das Öl langsam erhitzen. Die Schalotte darin glasig dünsten. Anchovisfilets, Weißwein, Knoblauch und Basilikum hinzufügen und vorsichtig erhitzen.

4 Die Anchovismischung in einer Küchenmaschine pürieren und durch ein feines Sieb streichen. Mit Gewürzen abschmecken.

5 Inzwischen den Ofen und ein Backblech bei 200 °C/Gasherd Stufe 4 vorheizen, um die Paprika für den Belag vorzubereiten.

BELAG:

2 große rote Paprika
Meersalz und frisch gemahlener
schwarzer Pfeffer
1 großer Bund wilder Rucola
120 ml fruchtiges, extra natives Olivenöl
4 × 100 g Büffelmozzarella in Kugeln
16 marinierte ganze Anchovisfilets

6 Ein wenig Olivenöl auf das Backblech geben. Wenn das Öl heiß ist, die ganzen Paprika auf das Blech legen und etwa 5 Minuten rösten lassen, bis die Haut Blasen wirft. Mit Salz bestreuen. Aus dem Ofen holen, in eine Schüssel geben und abdecken. Die Paprika etwas abkühlen lassen und dann vorsichtig häuten und die Kerne entfernen. Jede Schote in acht große Streifen schneiden und diese halbieren.

7 Den Rucola mit etwas Öl mischen und jede Mozzarellakugel in vier Stücke reißen.

8 Jedes Teigrund mit einem Stück Mozzarella, den Anchovisfilets und den Paprikastreifen belegen. Rucola und etwas Salz darüber streuen.

9 Mit einem Löffel die Sauce über und um die *crescenta* herum geben und etwas extra natives Olivenöl darüber träufeln.

Fagiolini di Sant'Anna ~ GRÜNE BOHNEN MIT KNOBLAUCHSAUCE

Wenn mir beim Schreiben keine Rezepte einfallen, hilft mir meine Freundin Anna aus Perugia aus, und dies ist eines ihrer Rezepte – einfach, unkompliziert und köstlich. Es lässt sich leicht abwandeln, z.B. indem man zum Schluss ein paar geröstete Pinienkerne darüber streut oder gekochte, neue Kartoffeln mit untermischt. Auch ein Esslöffel frische Majoranblätter, gegen Ende kurz mitgekocht, schmeckt wundervoll.

Für 4 Personen

- 3 EL Olivenöl
- 2 Knoblauchzehen, geschält und gepresst
- 1 große reife Tomate, geschält und in Würfel geschnitten
- 550 g grüne Bohnen, geputzt und halbiert
- wahlweise noch 100 g neue Kartoffeln, gekocht und halbiert
- Meersalz und frisch gemahlener schwarzer Pfeffer

1 In einem mittelgroßen Topf das Öl erhitzen, den Knoblauch hineingeben und leicht anrösten. Die Tomate hinzugeben, dann die Bohnen und gegebenenfalls die Kartoffeln.

2 So viel Wasser hinzufügen, dass die Bohnen gerade bedeckt sind, würzen und aufkochen lassen. Die Hitze reduzieren, abdecken und bis die Bohnen weich sind 15–20 Minuten köcheln lassen.

3 Gegen Ende der Garzeit den Deckel abnehmen und die Temperatur noch einmal etwas höher stellen, damit die Flüssigkeit einkocht. Warm oder kalt servieren.

~ *Fagiolini verdi*

Grüne Bohnen stammen wie so viele uns längst vertraute Gemüse aus Mittel- und Südamerika (die einzige in Europa heimische Bohnenart ist die Saubohne). Es gibt viele verschiedene Bohnenarten, doch hier sind nur die grünen Bohnen gemeint, die man ganz, also mit Hülse essen kann (Strauch- oder Buschbohnen, Stangenbohnen, usw.). Es gibt sie mit großen oder kleinen, flachen oder zylindrischen Hülsen, meist sind sie grün, die Wachs- oder Butterbohne ist gelb, doch in Italien gibt es auch violette oder grünviolett gesprenkelte Sorten. Die Hülsen sollten jung geerntet wer-
den, da sie nur zart sind, solange die Bohnenkerne selbst noch nicht zu groß und reif sind. Die Hülsen sollten eine leuchtende Farbe haben und beim Brechen richtig »knacken«. Bei einigen Sorten, vornehmlich den Stangen- und Feuerbohnen, muss der Faden entfernt werden, bei den meisten Strauchbohnensorten sollten lediglich die Enden abgebrochen werden. Anschließend werden die Bohnen in kochendes Wasser gegeben. Ob das Wasser gesalzen sein sollte, ist Geschmackssache. Einige italienische Kochexperten sind der Ansicht, das Salz sollte erst gegen Ende der Kochzeit hinzugefügt werden. Das Wasser sollte sprudelnd kochen und der Topf nicht abgedeckt sein, um die wundervolle Farbe zu erhalten. Bohnen benötigen je nach Größe eine Kochzeit von ungefähr 5–10 Minuten. Das hängt letztendlich auch davon ab, ob Sie die Bohnen lieber weich oder al dente (noch etwas knackig) mögen.

Maccheroni con piselli ~ MAKKARONI MIT FRISCHEN ERBSEN

Dieses ungewöhnliche Gericht ist weder eine Suppe noch ein *primo piatto,* eine »Vorspeise«. Es gehört zu einer eigenen Kategorie – der Küche meiner Großmutter. Es ist ein Fest guter Zutaten – unter anderem frischen Erbsen, neuen Kartoffeln und guten Nudeln – und ergibt eine einfach zubereitete, wohlschmeckende Mahlzeit.

Für 6 Personen
    1 mittelgroße Zwiebel, geschält und
        fein gehackt
    2 Knoblauchzehen, geschält und
        gepresst
    1 EL Olivenöl
    2 EL italienische Dosentomaten
1,2 l Wasser oder Gemüsebrühe (siehe
        Seite 128)
500 g ausgelöste, frische Erbsen
    4 neue Kartoffeln, geschält und in
        mittelgroße Stücke geschnitten
    1 Bund frische, glatte Petersilie
Meersalz und frisch gemahlener
        schwarzer Pfeffer
300 g Makkaroni
frisch geriebener Parmesankäse
    1 Hand voll zerpflückte Basilikum-
        blätter

1 Zwiebel und Knoblauch ein paar Minuten im Öl glasig und weich dünsten. Tomaten und Wasser beziehungsweise Brühe hinzufügen, aufkochen lassen und anschließend ein paar Minuten weiter köcheln lassen.

2 Die restlichen Zutaten, mit Ausnahme der Nudeln, des Käses und des Basilikums, hinzufügen, würzen und abschmecken. Wenn die Kartoffeln und Erbsen nach etwa 10 Minuten fast gar sind, die Makkaroni hinzufügen und *al dente* kochen.

3 Abschmecken und mit reichlich Parmesankäse, Basilikum und schwarzem Pfeffer servieren.

~ *Piselli*

*Erbsen stammen vermutlich ursprünglich aus Asien und waren schon im Altertum als Nahrungsmittel bekannt. Bei uns ist die grüne Gartenerbse direkt aus der Hülse am meisten verbreitet, doch früher wurden Felderbsen gezogen, deren reife Samen nur getrocknet als Hülsenfrucht verzehrt wurden. Inzwischen hat man sogar Erbsen mit essbaren Hülsen, die so genannten Zucker-*erbsen (Schweiz: Kefen), gezüchtet, deren Hülsen die feste, faserige Innenschicht fehlt. In Italien ist die Erbsensaison nur kurz – Mai und Juni (bei uns von Juni bis August) – doch in dieser Zeit bestimmen die Erbsen auf den Märkten geradezu das Tagesgeschäft. Da zur selben Zeit in Italien auch junge Saubohnen erhältlich sind, isst man häufig zum Mittagessen Saubohnen und abends einen großen Teller Erbsen. Die ersten Erbsen der Saison werden jedoch roh mit Brot und Salz bei einem Glas Wein gegessen.*

Bietole ripiene ~ Gefüllter Mangold (aus Apulien)

Süditaliener lieben grüne Gemüsekreationen ganz besonders. Mangold ist inzwischen fast überall erhältlich und dient nicht nur als Gemüse sondern auch als »Verpackung« oder »Mittler« für andere Zutaten und Aromen. Dieses Rezept ist ein gutes Beispiel dafür.

Für 4 Personen
Butter zum Einfetten
450 g kleine, zarte, sorgfältig ge-
 waschene Mangoldblätter
300 g Ricotta
 1 großes, leicht verquirltes Ei
 60 g frisch geriebener Parmesankäse
 1 Bund frische, fein gehackte, glatte
 Petersilie
Meersalz und frisch gemahlener
 schwarzer Pfeffer

~ *Bietola*

Mangold gehört genau wie Spinat und Rote Bete zur Familie der Gänsefußgewächse, allerdings sieht er eher wie dunkelgrüner Romana-Salat mit dicken, fleischigen, weißen (oder roten) Stielen aus. Vom Stiel befreit können die Blätter wie Spinat gekocht werden; sie fallen nicht ganz so stark zusammen, sind etwas fester und schmecken intensiver. Die in Stücke geschnittenen Stiele sollten in Salzwasser separat gekocht werden und dann in Salaten oder überbacken gegessen werden.

1 Den Ofen auf 200 °C/Gasherd Stufe 4 vorheizen und eine 33 × 23 cm große Backform einfetten.

2 Die Stiele der 12 größten Blätter entfernen (und für ein anderes Gericht verwahren). Drei Liter Wasser in einem Topf zum Kochen bringen, Salz hineingeben und dann die Mangoldblätter darin weich kochen. Anschließend die Blätter in einem großen Salatsieb mit kaltem Wasser abschrecken. Die Blätter vorsichtig ausdrücken und auf Küchenpapier trocknen lassen.

3 Auch die Stiele der übrigen Mangoldblätter entfernen (und für ein anderes Gericht aufbewahren).

4 In einer Schüssel Ricotta, Ei, 40 g Parmesan, Petersilie, Salz und Pfeffer vermischen.

5 Die großen Mangoldblätter so ausbreiten, dass die flache Seite der größten Rippe nach oben zeigt. Jedes Blatt etwa 1 cm dick mit der Füllung bestreichen. Die Seiten über der Füllung zusammenklappen und die Blätter Richtung Stielende aufrollen.

6 Die gefüllten Mangoldblätter mit dem Stielende nach unten in die gefettete Backform setzen. Mit dem restlichen Parmesankäse bestreuen, mit Alufolie abdecken und im vorgeheizten Ofen 20–30 Minuten backen. Warm servieren.

Misticanza ∼ GEDÜNSTETE GRÜNE GEMÜSE

Dieses ungewöhnliche Gericht zeigt, welche Bedeutung die Farbe Grün in der italienischen Küche hat. Den gesamten Sommer über kommt *contorne,* die Gemüsebeilage, als Gründgemüse auf den Tisch. Grüne Gemüse zusammen mit Chili und Knoblauch - *saltata in padella* - in der Pfanne gedünstet, haben einen ganz besonderen Geschmack. Gegen Ende der Garzeit kann man nach Belieben frisch gepressten Zitronensaft hinzufügen.

Für 4 Personen
700 g gemischte grüne Gemüse (Spinat, Mangold, violetter Brokkoli, Endiviensalat)
Meersalz und frisch gemahlener schwarzer Pfeffer
2 EL Olivenöl
2 Knoblauchzehen, geschält und gepresst
1–2 kleine scharfe Chilis, entkernt und fein gehackt
extra natives Olivenöl

1 Das Gemüse sorgfältig putzen und waschen.

2 Drei Liter Wasser in einem großen Topf zum Kochen bringen. Salz zufügen. Das Gemüse hineingeben und 3–5 Minuten garen. Unter kaltem Wasser abschrecken. Das Gemüse vorsichtig ausdrücken und grob hacken.

3 Bei mittlerer Hitze in einer Pfanne Olivenöl erhitzen. Knoblauch und Chilis hineingeben und weich dünsten. Das Gemüse hinzugeben und kurz mitdünsten. Mit Salz und Pfeffer abschmecken. Vor dem Servieren etwas hochwertiges, extra natives Olivenöl darüber träufeln.

Cannelloni con fave e ricotta ~

CANNELLONI MIT DICKEN BOHNEN UND RICOTTA

Die Kombination von Nudeln und Bohnen – zweimal Kohlenhydrate – ist sowohl wirklich schmackhaft als auch nahrhaft. Die feinen Farben und Aromen zaubern ein außergewöhnliches Gericht, z.B. für eine kleine Abendgesellschaft, oder sind einfach etwas, auf das man sich während der allzu kurzen Bohnensaison freut.

Für 6 Personen

PASTA:

150 g Weizenmehl
150 g feines Maismehl
   1 Prise Salz
   2 große Eier
   1 EL Olivenöl

FÜLLUNG:

   1 kg frische Saubohnen in der Hülse, geschält
350 g Ricotta
100 g frisch geriebener Pecorino Romano-Käse
   1 große Knoblauchzehe, geschält und zerdrückt
   1 Hand voll gehackte Minzeblätter
Meersalz und frisch gemahlener schwarzer Pfeffer
Frisch geriebener Pecorino zum Servieren

BÉCHAMELSAUCE:

600 ml Milch
   2 Zwiebelscheiben
   1 Lorbeerblatt
   1 Msp. Muskatblüte
   3 Petersilienstängel
   5 ganze schwarze Pfefferkörner
150 ml Weißwein
 50 g Butter
 40 g Mehl
Meersalz und frisch gemahlener schwarzer Pfeffer

1 Für die Pasta: Weizenmehl und Maismehl auf die Arbeitsplatte häufeln, das Salz darüber streuen und gut miteinander vermischen. In die Mitte eine Mulde drücken und die Eier hineinschlagen. Das Olivenöl zufügen und vorsichtig und mit viel Geduld alles miteinander zu einem glatten Teig verkneten. Zu einer Kugel formen und unter einem Handtuch oder Küchenfolie ruhen lassen, bis die Füllung fertig ist.

2 Für die Füllung: Die Bohnen ungefähr 10 Minuten lang kochen oder dämpfen bis sie zart sind. Abschrecken und abkühlen lassen. Die Hälfte der abgekühlten Bohnen in der Küchenmaschine grob pürieren. Ricotta, Pecorino, Knoblauch und Minze hinzufügen und mit Salz und Pfeffer abschmecken. Die restlichen Bohnen mit einem Holzlöffel unterheben.

3 Den Nudelteig hauchdünn ausrollen und in 8 × 8 cm große Vierecke schneiden. Mit etwas Maismehl bestreuen und auf einem Blech 10–15 Minuten trocknen lassen. Die fast trockenen, Nudelvierecke in sprudelnd kochendem Salzwasser bissfest kochen.

4 Den Ofen auf 200 °C/Gasherd Stufe 4 vorheizen.

5 Für die Béchamelsauce: Die Milch zusammen mit den Zwiebelscheiben, dem Lorbeerblatt, der Muskatblüte, den Petersilienstängeln und den Pfefferkörnern in einem Topf bei geringer bis mittlerer Hitze kurz aufkochen lassen. Anschließend vom Herd nehmen und 8–10 Minuten ziehen lassen.

6 25 g Butter in einem Topf schmelzen lassen und das Mehl unterrühren. Etwa eine Minute auf der Herdplatte weiterrühren. Vom Feuer nehmen und die Milchmischung durch ein Sieb hineingießen. Den Topf wieder auf den Herd stellen und die Mischung unter ständigem Rühren aufkochen lassen. Die restliche Butter und den Wein zufügen und 3 Minuten köcheln lassen. Mit Salz und Pfeffer abschmecken.

7 Jedes Nudelviereck mit einem Esslöffel Bohnenfüllung bestreichen und zu einer Röhre formen. Die Hälfte der Béchamelsauce in eine Backform oder eine Kasserolle geben, darauf die Cannelloni setzen und mit der restlichen Sauce übergießen. Mit frisch geriebenem Pecorino bestreuen und im vorgeheizten Ofen eine Viertelstunde backen. Sofort servieren.

⁓ *Fave*

Saubohnen waren die einzigen in Europa bekannten Bohnen, bevor Kolumbus Amerika entdeckte und verschiedene Arten grüner Bohnen mitbrachte. Die Bohnen werden von Mai bis Anfang Juli geerntet. Wenn die Schoten jung, blassgrün und samtweich und die Bohnen im Inneren noch klein und nicht ganz ausgereift sind, kann man sie zum Verzehr als Ganzes kochen oder dämpfen. In einigen italienischen Dörfern ist es Tradition, junge Saubohnen zu schälen und sie roh mit Pecorinokäse zu essen. Mit fortschreitender Saison werden die Hülsen dicker, länger und fester und die Bohnen im Innern bekommen eine feste, fast unverdauliche Außenhaut. In diesem Zustand sollten die Bohnen erst kurz gekocht und gehäutet werden und nur die hellgrünen zarten Bohnenkerne gegessen werden. Traditionell werden sie mit Minze serviert, mit der sie häufig sogar zusammen angepflanzt werden, denn Minze vertreibt die schwarze Blattlaus.

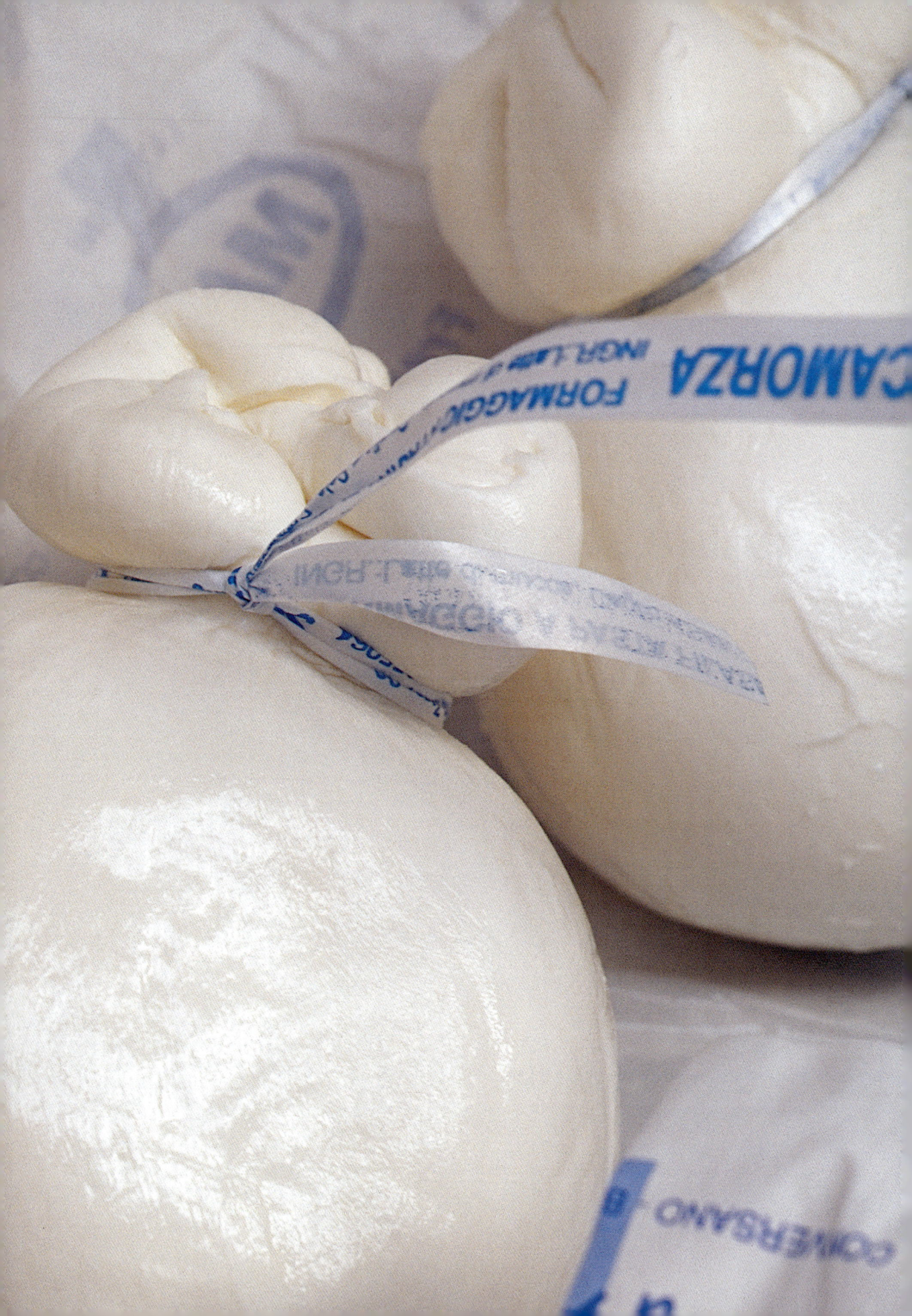

Mozzarella di bufala ∼ Büffelmozzarella

In den terrassenförmig angelegten Häusern entlang der kurvenreichen Straße nach Neapel und in den Bauernküchen der rauen Landschaft der Südcampania, wo fruchtbare Vulkanböden hohe Ernteerträge liefern, ist der Mozzarella schon lange ein wichtiges Nahrungsmittel. Niemand weiß genau, seit wann man diesen Käse in Süditalien herstellt, doch es gibt Belege, dass die Römer schon 60 v. Chr. einen vergleichbaren Käse herstellten, indem sie frische Milch mit Lab aus Schafs- oder Ziegenmägen zur Gerinnung brachten. Einer Legende zufolge teilten die Mönche von San Lorenzo bereits im 3. Jahrhundert Brot und »Mozza«-Käse an hungrige Bettler aus. Irgendwann erhielt dieser meist von Mönchen hergestellte Käse den Namen mozzarella (abgeleitet vom italienischen Verb mozzare = abbrechen, da vom geronnenen Weißkäse einzelne Portionen abgebrochen wurden).

Erst viele Jahrhunderte später stellte man Mozzarella nicht mehr aus Schafsmilch sondern aus cremiger Büffelmilch her – heute als »der echte« gefeiert. Im 16. Jahrhundert wurde der indische Wasserbüffel, der heute noch wild in Südostasien vorkommt, in der Campania und Süditalien angesiedelt. In dem milden, trockenen Klima gediehen die Büffel prächtig und produzierten eine fette, weiße Milch, die zu einem cremigen *mozzarella di bufala* verarbeitet wurde (50% F. i. T.).

Auch heute gibt es noch einige kleine Familienunternehmen, die den Mozzarellakäse auf traditionelle Weise herstellen. Wenn der Tag über den sanften Hügeln der Campania anbricht, wird die Büffelmilch der ländlichen Höfe unter den Käsern in Neapel und Umgebung aufgeteilt, die daraus täglich frischen Mozzarella produzieren. Die Milch wird in große Aluminiumtanks gefüllt; 4,5 Liter ergeben später ein Kilo Käse. Die Milch wird erhitzt und durch Zusätze zum Gerinnen gebracht. Anschließend wird die Masse zum Ablaufen der Flüssigkeit in kleinere Stückchen gebrochen und getrocknet. Der verbleibende feste Käse wird erhitzt und so lange geknetet, bis der köstliche Mozzarella genau die richtige Elastizität hat.

Mozzarella schmeckt am besten frisch, nur mit etwas hochwertigem extra nativem Olivenöl beträufelt und mit Meersalz und schwarzem Pfeffer bestreut, zu süßen reifen Tomaten. Es gibt nichts Köstlicheres, doch auf den folgenden Seiten finden Sie noch ein paar Anregungen, die die Vielseitigkeit des Käses demonstrieren.

Soffiatini ∼ Pfannkuchenpäckchen, mit Spinat und Mozzarella gefüllt

Dieses Pfannkuchenrezept stammt aus Piacenza in der Emilia-Romagna, und obwohl ich es schon so häufig zubereitet habe, bei Freunden und Gästen findet es immer wieder großen Anklang. Zudem ist dieses Rezept sehr praktisch, denn die Pfannkuchen lassen sich gut im Voraus zubereiten und bei Bedarf aufwärmen - ein großer Vorteil in der heutigen, schnelllebigen Zeit.

Für 4 Personen

FÜLLUNG:

- 90 g Butter
- 90 g Weizenmehl
- 200 ml Vollmilch
- 120 g gekochter, gehackter Spinat
- 1 Prise Meersalz
- 1 Msp. frisch gemahlene Muskatnuss
- 120 g Mozzarella, in Würfel geschnitten
- 60 g frisch geriebener Parmesankäse
- 2 steif geschlagene Eiweiß
- Meersalz und frisch gemahlener schwarzer Pfeffer

PFANNKUCHEN:

- 90 g Weizenmehl
- 150 ml Vollmilch
- 2 große, verquirlte Eier
- 1 Prise Meersalz
- 90 g geschmolzene Butter
- frisch geriebener Parmesankäse

1 Für die Füllung: Die Butter in einem Topf schmelzen lassen, das Mehl hinzufügen und eine Minute anschwitzen. Unter gleichmäßigem Rühren langsam die Milch dazu gießen und bei mäßiger Hitze solange köcheln lassen, bis die Sauce eingedickt ist. Den Spinat und die Prise Salz hinzufügen und eine weitere Minute köcheln lassen. Die restlichen Zutaten hineingeben und abkühlen lassen.

2 Den Ofen auf 180 °C/Gasherd Stufe 3 vorheizen.

3 Für die Pfannkuchen: Mehl und Milch in einem Topf vermischen. Die Eier und eine Prise Salz hinzufügen und mit dem Schneebesen verrühren. Den Teig durch ein Sieb geben. Eine schwere Pfanne von 30 cm Durchmesser mit der geschmolzenen Butter auspinseln und bei mittlerer Hitze eine kleine Kelle Teig in der Pfanne zu einem dünnen Pfannkuchen ausbacken. Den Vorgang mit der verbleibenden Butter und dem Teig wiederholen. Der Teig sollte für vier Pfannkuchen reichen. Wenn diese auf beiden Seiten gebacken wurden, können sie auf vier Teller verteilt werden.

4 Einen Löffel von der Spinatfüllung auf die Mitte jedes Pfannkuchens geben, diesen von zwei Seiten zusammenklappen und dann die verbleibenden Seiten so darüber legen, dass ein kleines Paket entsteht.

5 Diese Pakete in eine gefettete, hohe Backform setzen, mit der restlichen geschmolzenen Butter bepinseln und mit Parmesankäse bestreuen. Im vorgeheizten Ofen 10–15 Minuten backen und sofort servieren.

Torta Tarantina ∼ Pastete mit Kartoffeln und Mozzarella

Dieses Rezept stammt aus Taranto, einer Gegend mit reichen Böden und daher wirklich guten Kartoffeln in Apulien. In der italienischen Küche gibt es viele Regeln, eine davon besagt, dass man Fisch und Käse niemals zusammen essen sollte (zum Beispiel streut man niemals Parmesankäse über Nudeln oder ein Risotto mit Fisch). Lediglich auf Pizzas und bei diesem Gericht gibt es diese verbotene Kombination - Mozzarella und Anchovis.

Für 6 Personen
  1 kg neue, italienische Kartoffeln
     (zum Beispiel Spunta)
  1 Dose (225 g) italienische Eiertomaten, in Würfel geschnitten
Olivenöl
  2 Knoblauchzehen, geschält und
     zerdrückt
320g Mozzarella, in Scheiben
     geschnitten
  8 marinierte Anchovisfilets, zerhackt
  1 EL getrockneter Oregano
Meersalz und frisch gemahlener
     schwarzer Pfeffer

1 Die Kartoffeln mit Schale im Salzwasser gar kochen. Die Tomaten in einem Sieb 10 – 15 Minuten abtropfen lassen, damit möglichst viel Flüssigkeit abläuft.

2 Den Ofen Auf 200 °C/Gasherd Stufe 4 vorheizen.

3 Die Kartoffeln pellen und durch eine Kartoffelpresse drücken. Mit Salz und Pfeffer, einem Esslöffel Olivenöl und dem gepressten Knoblauch würzen.

4 Eine runde Pizzaform mit Öl auspinseln und die Kartoffelmischung hineinstreichen. Mit Mozzarellascheiben und Anchovis belegen.

5 Darüber die Tomaten geben, mit Oregano bestreuen und einen weiteren Esslöffel Olivenöl darüber geben. 20 Minuten im vorgeheizten Ofen backen und warm servieren.

Stromboli ∼ Mozzarellabrot mit Rucolapesto

Vor einigen Jahren habe ich auf einem Kreuzfahrtschiff im Mittelmeer einen Kochkurs abgehalten. Eines Abends, als wir gerade bei Tisch saßen, verkündete der Kapitän, dass wir Steuerbord gerade den noch aktiven Vulkan Stromboli sehen könnten. Ich war sehr aufgeregt, denn ich hatte dieses Brot schon häufig gebacken, nun aber wurde ich seinem Namensvetter vorgestellt! Dieses Brot verdankt seinen Namen der Tatsache, dass beim Backen Käse austritt, der auf der Brotkruste ein bisschen wie geschmolzene Lava aussieht.

Für etwa 8 Personen
Vorteig:
2,5 g frische Hefe
150 ml lauwarmes Wasser
130 g Weizenmehl

Teig:
 10 g frische Hefe
175 ml lauwarmes Wasser
 1 ¹/₂ Teelöffel Salz
380 g Weizenmehl
 3 EL Olivenöl

Rucolapesto:
 3 EL geröstete Pinienkerne
2–3 geschälte Knoblauchzehen
fein abgeriebene Schale einer Zitrone
 1 großer Bund Rucolasalat
    (etwa 100 g)
ca. 100 ml Olivenöl
Meersalz
 50 g geriebener Parmesankäse

1 Für den Vorteig: die frische Hefe im Wasser auflösen. Mehl hinzugeben und zu einer glatten, dicken Masse verrühren. Abdecken und bei Raumtemperatur 12–36 Stunden gehen lassen, bis die Masse locker ist und Blasen wirft.

2 Für den Teig: Die frische Hefe in der Hälfte der angegebenen Wassermenge auflösen. In einer großen Schüssel Mehl und Salz miteinander vermischen und in die Mitte eine Mulde eindrücken.

3 Die Hefemischung, das Olivenöl und den Vorteig hineingießen und unterrühren. Das restliche Wasser zugeben und alles zu einem weichen, klebrigen Teig vermischen. Falls nötig, noch etwas Wasser hinzufügen.

4 Die Teigmasse auf eine mit Mehl bestäubte Arbeitsfläche geben und solange (ungefähr 10 Minuten) kneten, bis er geschmeidig, glatt und elastisch ist. Den Teig in eine saubere, mit Öl ausgepinselte Schüssel legen, abdecken und solange ruhen lassen, bis er sein Volumen verdoppelt hat (etwa anderthalb bis zwei Stunden).

5 In der Zwischenzeit Pinienkerne und Knoblauch für den Pesto sehr klein hacken.

6 Die Zitronenschale, den Rucola und ein Drittel des Olivenöls hinzugeben und mithilfe einer Küchenmaschine oder des elektrischen Handrührers zu einer homogenen Masse verrühren. Nach und nach das restliche Öl zufügen.

FÜLLUNG UND DEKORATION:
125 g Rucolapesto
300 g Mozzarella

Olivenöl
Meersalz
Frische Rosmarinzweige

7 Mit einem Löffel den Parmesankäse unterrühren und mit Salz abschmecken. Eventuell noch Olivenöl hinzufügen, um die gewünschte Konsistenz zu erreichen – dieser Pesto sollte nicht zu flüssig sein. Abdecken und in den Kühlschrank stellen. (Er schmeckt auch hervorragend zu Gnocchi und Pasta.)

8 Den Ofen auf 180 °C/Gasherd Stufe 3 vorheizen.

9 Den Teig kräftig durchwalken und weitere 10 Minuten ruhen lassen.

10 Den Teig rechteckig ausrollen (ca. 35 × 20 cm).

11 Für die Füllung: Den Teig mit dem Rucolapesto bestreichen. Mozzarella in kleine Stücke reißen und diese gleichmäßig darauf verteilen.

12 Den Teig der Länge nach wie eine Biskuitrolle locker einrollen. Die Teigrolle auf ein mit Öl bestrichenes Backblech geben und an mehreren Stellen mit einem Messer oder einem Spieß einstechen.

13 Mit Olivenöl beträufeln, mit Salz und Rosmarinblättern bestreuen und im vorgeheizten Ofen ca. 45 Minuten goldbraun backen.

14 Das Brot aus den Ofen holen, etwas abkühlen lassen und noch einmal mit Olivenöl beträufeln.

Caponata di Napoli ∼ Brot- und Mozzarellasalat

Während die Speisen für dieses Buch fotografiert wurden, beanstandete der Fotograf Jason Lowe dieses Rezept, da seiner Ansicht nach ein einfacher Brotsalat (in anderen Gegenden Italiens ist *caponata* ein Gemüsegericht) nicht zu den anderen Rezepten passen würde. Doch in diesem Punkt irrte er. Er fotografierte es unter großem Protest. Anschließend aß er den ganzen Teller leer und verlangte mehr davon! Das Rezept wirkt trügerisch simpel, doch man sollte nur die besten Zutaten verwenden. (Nach Belieben kann man noch Knoblauch, Kapern oder Oliven hinzufügen.)

FÜR 4 PERSONEN
450 g festes Bauernbrot
4 reife Tomaten, entkernt und
gewürfelt
450 g Mozzarella, in 1 cm große Würfel
gerissen
1 Hand voll frisch zerrupfte Basilikumblätter
1 EL getrockneter Oregano
125 ml kräftiges, fruchtiges, extra
natives Olivenöl
Meersalz und frisch gemahlener
schwarzer Pfeffer

1 Das Brot in kleine Stücke reißen. Mit den Tomaten, dem Mozzarella, dem Basilikum und dem Oregano vermischen und mit Salz und Pfeffer abschmecken.

2 Großzügig mit Olivenöl beträufeln. Gut vermischen und servieren.

Gnocchata al pomodoro ~ Griesspizza

Die Grießmasse für dieses aus der Emilia-Romagna stammende Rezept ist wunderbar locker und flockig und für mich die absolute Trostnahrung. Außerdem lässt sich dieses Gericht gut spontan zubereiten, da man meist alle dafür nötigen Zutaten zu Hause hat. Ich habe es bereits mehrfach für Freunde gekocht, die nach anfänglichem Misstrauen (es klingt ja auch nicht gerade vielversprechend), völlig begeistert waren.

Für 4 Personen
1,5 l Vollmilch
Meersalz und frisch gemahlener
    schwarzer Pfeffer
375 g feiner Grieß
  3 große Eier
 90 g frisch geriebener Parmesankäse
  3 EL Olivenöl
  1 Dose (225 g) italienische Eiertoma-
    ten, abgetropft und in Würfel
    geschnitten
300 g Mozzarella, in dünne Scheiben
    geschnitten
  2 EL Semmelbrösel
  1 Hand voll frisch gehackte Oregano-
    oder Majoranblätter

1 Den Ofen auf 200 °C/Gasherd Stufe 4 vorheizen. Die Milch mit etwas Salz zum Kochen bringen. Unter gleichmäßigem Rühren nach und nach den Grieß hineinstreuen und 20 Minuten kochen. Etwas abkühlen lassen.

2 Die Eier mit etwas Salz und Pfeffer verquirlen, zusammen mit dem geriebenen Käse unter den Grieß heben und gut vermischen.

3 Eine große runde Pizzaform mit Öl bepinseln. Die Grießmischung hineingeben und mit den abgetropften Tomaten belegen. Die Mozzarellascheiben darauf legen und mit Semmelbröseln und Oregano bestreuen.

Mit dem restlichen Öl beträufeln, 20 Minuten backen und sofort servieren.

~ Parmigiano reggiano

Parmesankäse stammt ursprünglich aus einem schmalen Landstrich zwischen den Flüssen Po und Reno im Norden Mittelitaliens. Dieser strohfarbene Käse mit etwas spröder, körniger Substanz und pikantem, aromatischen Geschmack wird aus teilentrahmter Rohmilch von Kühen hergestellt. In die dicke, harte, braune Rinde wird als Beweis für seine Echtheit Parmigiano Reggiano *eingestempelt. Einen gut gereiften Käse erkennt man an den Salzkristallen, die man in Italien »Schneeflocken« nennt. Sie sollten den ganzen Käse durchziehen.*

Ein ein bis zwei Jahre gereifter Käse ist blass, weich und krümelig. So eignet er sich hervorragend für Desserts, vor allem passt er gut zu Birnen, Äpfeln, Trauben und Nüssen. In Olivenöl gerieben wird er auch als Salatdressing verwendet. Drei oder vier Jahre alter Parmesan ist dunkler, trockener und sehr hart – der klassische Reibekäse für Pasta, Risotti und andere Gerichte.

Gnocchi alla Romana ~ Griessplätzchen, römische Art

Dieses Gericht ist typisch für die römische Esskultur - ein einfaches Gnocchirezept verfeinert und hübsch angerichtet. In Rom isst man dieses Gericht häufig während der Wintermonate, doch eigentlich sollte man es das ganze Jahr über genießen. Mit Brot, Wein und reichlich Salat serviert, ist es ein hervorragendes leichtes Sommeressen.

FÜR 4 PERSONEN
1,5 l Vollmilch
1 TL frisch geriebene Muskatnuss
380 g feiner Grieß
3 große Eigelbe
90 g Butter
90 g frisch geriebener Parmesankäse

1 Milch und Muskatnuss in einem großen Topf zum Kochen bringen. Den Grieß hinzufügen und schnell unterrühren, damit keine Klümpchen entstehen. Bei schwacher Hitze etwa 20 Minuten köcheln lassen, dabei weiter rühren. Die Masse sollte sich am Ende leicht vom Topfrand lösen. Vom Herd nehmen und abkühlen lassen.

2 Zuerst die Eigelbe in die Grießmasse geben, anschließend die Hälfte der Butter und des Parmesans hinzufügen.

3 Die Grießmasse kreisförmig auf ein Küchenbrett oder ein kalt abgespültes Blech etwa 5 mm dick streichen und die Oberfläche mit einem in kaltes Wasser getauchten Spachtel glätten. Vollständig abkühlen lassen. Die Masse mithilfe eines Glases in 5 cm große Kreise teilen.

4 Den Ofen auf 200 °C/Gasherd Stufe 4 vorheizen und ein Backblech einfetten.

5 Die Gnocchi dachziegelförmig auf das Blech legen. Die restliche Butter schmelzen und über die Gnocchi gießen. Mit dem restlichen Parmesankäse bestreuen und etwa 20 Minuten goldbraun backen. Warm servieren.

Gelato di riso ~ REISEIS

Die Beschaffenheit des Reises verleiht diesem Eis Festigkeit und Substanz. Es gehört zu meinen absoluten Lieblingssorten. Das erste Mal habe ich es in einer berühmten Eisdiele in Rom gegessen. Es mag Ihnen sonderbar erscheinen, geschroteten Reis zu verwenden, aber wenn Sie es ausprobieren, werden Sie angenehm überrascht sein. Sie können dieses Eis mit entsprechendem Obst der Jahreszeit servieren oder einfach mit Schokoladensauce. Da es einige gute Proteine und Kohlenhydrate enthält, eignet es sich hervorragend für Kinder, die schlecht essen.

FÜR 4 PERSONEN
250 g geschroteten Reis
 1 Prise Salz
frisch abgeriebene Schale von zwei
 unbehandelten Zitronen
 1 l Vollmilch
 8 große Eier, getrennt
300 g Zucker
500 g Mascarpone
ungefähr 2 TL Vanilleextrakt
250 g zerstoßene Amarettini

1 Den Reis zusammen mit dem Salz, der Zitronenschale und der Milch in einen Topf geben.

2 Bei schwacher Hitze 25 Minuten köcheln lassen und dabei gelegentlich umrühren. Die Masse sollte fest und glatt werden. Abkühlen lassen.

3 Die Eigelbe mit dem Zucker schaumig schlagen. Mascarpone hinzugeben und gut vermischen.

4 Das Eiweiß steif schlagen und den Vanilleextrakt hinzugeben. Vorsichtig unter die Eigelbmasse heben und gut miteinander vermischen. Die Reismischung und die zerstoßenen Amarettini unterheben.

5 In einer tiefen Schüssel in den Gefrierschrank stellen oder in eine Eismaschine geben. Im Gefrierschrank ist das Eis in etwa 2 Stunden fertig.

~ Mascarpone

Mascarpone *wird ausschließlich in Italien hergestellt. Der cremige Frischkäse aus Kuhmilch stammt ursprünglich aus der Lombardei. Er hat eine satte Butterfarbe, eine sämigweiche Substanz und einen köstlichen, leichten Schlagsahnegeschmack. In einigen Landstrichen Italiens wird er frisch als Dessert gegessen – häufig mit frischem Obst und mit Zucker bestreut, oder mit Espresso, Kakao oder Likör angemacht. Zugleich ist er die wichtigste Zutat des berühmten* tiramisu, *einem cremigen Nachtisch, der Sie »hinaufzieht«. In Italien bekommt man den besten Mascarpone von September bis Oktober, da er dann die Sommermilch enthält, mittlerweile wird er jedoch das ganze Jahr über angeboten.*

Basilico ～ Basilikum

Basilikum ist eine einjährige, zur Familie der Lippenblütler gehörende Pflanze mit kleinen weißen Blüten und hellgrünen Blättern, unterschiedlicher Größe und Form. Egal ob die Blätter klein oder groß sind, Basilikum lässt sich stets an seinem intensiven, aromatischen Duft erkennen, der ein bisschen an Nelken erinnert. Basilikum eignet sich gut als Topfpflanze, da es jedoch ursprünglich aus Indien kommt und die Sonne liebt, sollte man es bei unseren gemäßigten Temperaturen lieber in einem Gewächshaus ziehen, und dafür die Töpfe in den Sommermonaten nach draußen in den Halbschatten stellen. Ich bringe mir stets Basilikumsamen aus Italien mit. Zwei Arten lohnen den eigenen Anbau: *lattuga*, eine Basilikumart mit salatartigen Blättern (die großen Blätter können leicht halb so groß wie eine Handfläche werden), und *genovese*,

eine Basilikumart mit sehr kleinen Blättern. Lattuga schmeckt besonders gut, wenn man es gegen Ende der Kochzeit Saucen zufügt. Genovese, auch *basilico nano* (Zwergenbasilikum) genannt, eignet sich gut für Pesto und eingelegte Tomaten. Die Blätter schmecken am besten, wenn man sie vor der Blüte erntet, und wenn sie ganz frisch verzehrt werden. Schneidet man die Blütentriebe rechtzeitig ab, entstehen neue Seitentriebe. Im Gegensatz zu anderen Kräutern lässt sich Basilikum nicht gut trocknen, doch es lässt sich aufbewahren, indem man es schichtweise mit Meersalz bestreut und in einem lichtundurchlässigen Gefäß im Kühlschrank verwahrt. Auf diese Weise bleibt das Aroma erhalten und es ist weit kostengünstiger als die Supermarktpflanzen, die zudem oft fade schmecken.

Polpette di melanzane con pomodoro al forno ~

AUBERGINENBÄLLCHEN MIT GERÖSTETEN KIRSCHTOMATEN

Diese gehaltvollen, fleischähnlich wirkenden Bällchen eignen sich hervorragend für Vegetarier und schmecken himmlisch. Das Basilikum lässt sich auch durch glatte Petersilie ersetzen, nehmen Sie so viel davon, wie Sie mögen. Die Bällchen und die Tomaten sollten auf einem Bett aus wilden Rucolablättern und je nach Geschmack mit noch mehr Basilikum serviert werden.

Für 6 Personen

AUBERGINENBÄLLCHEN:

2 mittelgroße Auberginen, fein gewürfelt

Meersalz und grob gemahlener schwarzer Pfeffer

3 EL Olivenöl

abgeriebene Schale von zwei unbehandelten Zitronen

2 große, verquirlte Eier

80 g frisch geriebener Parmesankäse

30 g frisch geriebener Pecorinokäse

200 g Mozzarella, in kleine Würfel geschnitten

300 g Semmelbrösel

100 g grob gehackte Pinienkerne

1 gute Hand voll frische Basilikumblätter, grob gehackt

2 Knoblauchzehen, geschält und fein gehackt

GERÖSTETE TOMATEN:

200 g Kirschtomaten (vorzugsweise pomodorini)

1 Knoblauchzehe, geschält und fein gehackt

2 TL Waldhonig

abgeriebene Schale von zwei unbehandelten Zitronen

2 EL Olivenöl

1 Die Auberginenwürfel in ein Salatsieb geben, mit 2 Teelöffeln Salz vermischen und 20 Minuten ruhen lassen. Gut abtropfen und ausdrücken.

2 In einer großen Pfanne das Olivenöl erhitzen und die Auberginen (falls notwendig nach und nach) darin braten.

3 Den Ofen auf 200 °C/Gasherd Stufe 4 vorheizen.

4 Die restlichen Zutaten für die Bällchen mit den Auberginen in einer großen Schüssel vermischen. Mit Salz und Pfeffer abschmecken, aus der Masse walnussgroße Bällchen formen und diese auf ein mit Öl bestrichenes Backblech setzen.

5 Die Kirschtomaten halbieren und auf einem zweiten Backblech arrangieren. Die restlichen Zutaten vermengen und darüber geben und mit Salz und Pfeffer bestreuen.

6 Die *polpette* auf dem Backblech über den Tomaten einschieben und 10–15 Minuten goldbraun backen. Die Tomaten benötigen die gleiche Zeit. Warm servieren.

∼ Salvia

Salbei verdankt seinen Namen dem lateinischen Wort »salvus«, was soviel wie »gesund« bedeutet und auf die Heilwirkung der Pflanze verweist. Salbei wurde schon von den Ägyptern, den Römern und den Griechen verwendet. Im Mittelmeerraum wächst die Pflanze von der Küste bis zu 750 m über dem Meeresspiegel wild und bevorzugt sonnige, trockene, windgeschützte Kalksteinböden. Die Pflanze ist winterhart. Ihre langen, ovalen oder lanzettartig geformten, blassgrünen Blätter können gekerbt oder behaart sein; sie duften stark und schmecken würzig-bitter. In der italienischen Küche spielt Salbei eine große Rolle. Zum Beispiel wird Kalbsleber in Salbeibutter gebraten, oder getrocknete Bohnen mit Salbei geschmort. In der Toskana frittiert man Salbeiblätter in Teig. In Süddeutschland werden Salbeiblätter in einem leichten Bierteig ausgebacken und heißen »Salbeimäusle«.

Salvia fritta ∼ GEFÜLLTE, FRITTIERTE SALBEIBLÄTTER

Ich nenne diese Salbeiblätter ein Stegreifgericht – man schlendert durch den Garten, verweilt beim Salbeistrauch, pflückt ein paar Blätter, füllt sie und frittiert sie! Als Vorspeise zu einem Glas trockenem, spritzigen Prosecco – wundervoll! Verwenden Sie vorzugsweise kleine Blätter, da diese intensiver im Geschmack und zarter sind.

Für 4 Personen
32 frische Salbeiblätter
8 gesalzene Anchovisfilets,
    abgetropft und getrocknet
2 große Eier
Olivenöl zum Frittieren

1 16 Salbeiblätter mit der Unterseite auf einen Bogen Backpapier legen. Die Anchovisfilets der Länge nach halbieren. Auf jedes Blatt ein halbes Anchovisfilet legen und mit einem weiteren Blatt abdecken. Die beiden Blätter zusammendrücken, einen weiteren Bogen Backpapier darüber legen und 15 Minuten lang mit Gewichten beschweren.

2 Die Eier etwas verquirlen und die Blätter hineingeben. Eine Pfanne 1 cm hoch mit Öl füllen und erhitzen. Wenn das Öl heiß genug ist, die Blätter einzeln aus der Schüssel herausholen und kurz abtropfen lassen. Die Blätter nach und nach von beiden Seiten goldbraun frittieren und auf Küchenpapier trocknen.

Pomodori secchi con origano ~

Eingemachte Tomaten mit Oregano

Tomaten können in Italien regelrecht zu einem Problem werden, da es scheinbar zu viele gibt, die auch noch alle zur gleichen Zeit reif werden. Dieses Rezept weckt Kindheitserinnerungen in mir, denn früher brauchte ich nur die Tür zur Speisekammer zu öffnen und vor mir standen in Reih und Glied die hohen Gläser bis zum Rand gefüllt mit leuchtend roten Tomaten, die nur darauf warteten, später im Jahr verspeist zu werden. Sie eignen sich vorzüglich als Vorspeise und schmecken wirklich gut als *panini* (Sandwich), das wir früher aßen, wenn wir aus der Schule nach Hause kamen. So wie hier mit angemachtem Käse gefüllt, sind die Tomaten ein wundervoller Brotbelag.

Für 4 Personen
- 2 kg Eiertomaten
- 6 Knoblauchzehen oder je nach Geschmack auch mehr, geschält und fein gehackt
- 4 getrocknete Chilis (peperoncini) oder je nach Geschmack auch mehr
- 1 gute Hand voll frische Majoranblätter

250 g frisch geriebener Pecorinokäse
extra natives Olivenöl

1 Den Ofen auf 140 °C/Gasherd Stufe 1 vorheizen.

2 In einem für alle Tomaten ausreichend großen Topf Wasser zum Kochen bringen. Wenn das Wasser kocht, die Tomaten hineingeben und ein paar Minuten darin ziehen lassen, damit die Haut etwas weich wird.

3 Die Tomaten abtropfen lassen, halbieren und auf Backpapier ausbreiten. Vierzig Minuten in den vorgeheizten Ofen schieben – oder in der Sonne trocknen lassen!

4 In der Zwischenzeit die Füllung zubereiten und dafür Knoblauch, Chilis, Majoran und den geriebenen Pecorino miteinander vermischen.

5 Jeweils eine Tomatenhälfte mit der Schnittfläche in die Füllung tauchen und mit der anderen Hälfte wie bei einem Sandwich bedecken. Eine gefüllte Tomate nach der anderen in ein sterilisiertes Einmachglas setzen, bis das Glas randvoll gefüllt ist. Mit extra nativem Olivenöl auffüllen, fest verschließen und kühl lagern.

~ Origano

Oregano, »Glanz der Berge« erhielt diesen Namen von den alten Griechen. Es gibt mindestens 60 verschiedene Arten, von denen viele wild an den Küsten und auf den Bergen Siziliens wachsen, überall dort, wo sie genug Sonne haben. Die duftendsten Oreganoarten wachsen im Gebirge, denn die kühle Luft der Nächte erhält das Aroma besser als die Hitze an den Küsten. Oregano ist getrocknet noch aromatischer als frisch geerntet. Am besten schmeckt er, wenn er während der Blütezeit geerntet wird und dann in Sträußchen im Schatten getrocknet wird. Anschließend sollte er noch einmal in der Sonne trocknen (oder bei ganz niedriger Temperatur im Ofen), bis er richtig spröde ist. Über einem Bogen Papier zwischen den Handflächen zerrieben, grob gesiebt und in ein fest schließendes, dunkles Glas gefüllt, ergibt er ein wunderbares Gewürz.

Sarde a beccafico ~ Gefüllte Sardinen

Dieses bäuerliche Gericht, das nur auf Sizilien zubereitet wird, vereint Sardinen mit Orangensaft, eine ungewöhnliche, jedoch sehr schmackhafte Kombination. Die entgräteten Sardinen werden so um eine Füllung gerollt und gebacken, dass die Schwanzflossen in die Höhe stehen.

Für 6 Personen
- 1 kg frische Sardinen
- 60 g Korinthen
- 6 EL Olivenöl
- 100 g Semmelbrösel aus Weißbrot
- 60 g Pinienkerne
- 2 Knoblauchzehen, geschält und fein gehackt
- 1 Bund frisch gehackte, glatte Petersilie
- Meersalz und frisch gemahlener schwarzer Pfeffer
- 12 Lorbeerblätter
- Saft von zwei Orangen
- Saft von einer Zitrone
- 1 TL Zucker

~ Sardine

Sardinen und Pilchards werden bei uns getrennt in Dosen angeboten, weil wir glauben, es seien unterschiedliche Fischarten, in Wirklichkeit handelt es sich jedoch um ein und denselben Fisch. Sardinen heißen die jungen Fische, Pilchards sind die erwachsenen Fische (bis zu 30 cm lang). Im Mittelmeerraum werden Sardinen frisch gefangen, und man kann sie vielseitig zubereiten: gegrillt, geröstet, gefüllt, filetiert und in einer Sauce serviert. Sie schmecken hervorragend in Marinaden und können so im Voraus zubereitet werden.

1 Die Köpfe und Flossen der Sardinen abschneiden, die Schwanzflosse jedoch dranlassen. Die Bäuche aufschneiden und die Fische ausnehmen. Die Fische mit der Bauchseite auf ein Brett legen und das Rückgrat leicht nach unten drücken. Die Wirbelsäule am Schwanz abschneiden und herausnehmen. Fische waschen und trocknen.

2 In der Zwischenzeit die Korinthen in einer Schüssel in warmem Wasser etwa 10 Minuten einweichen. Das Wasser abtropfen lassen und die Korinthen auf Küchenpapier trocknen.

3 Die Hälfte des Öls in einer Pfanne erhitzen und die Semmelbrösel darin goldbraun anrösten. Pinienkerne, Knoblauch, Petersilie und Korinthen dazugeben, ein paar Minuten lang mitrösten und anschließend die Pfanne vom Feuer nehmen. Mit Salz und Pfeffer abschmecken.

4 Den Ofen auf 180 °C/Gasherd Stufe 3 vorheizen.

5 Die Sardinen auf beiden Seiten mit etwas Salz und Pfeffer einreiben. Mit der Hautseite nach unten auf die Arbeitsplatte legen und je einen vollen Teelöffel der Füllung auf die Fische verteilen. Die Fische in Schwanzrichtung einrollen und so in eine Backform setzen, dass die Schwanzspitze hoch steht.

6 Die Fische hier und da mit den Lorbeerblättern bespicken. Orangen- und Zitronensaft und das restliche Olivenöl über den Fisch träufeln und mit dem Zucker bestreuen.

7 Im vorgeheizten Ofen etwa 20 Minuten lang backen und warm servieren.

Calamari in teglia ~ GEBACKENER TINTENFISCH MIT KARTOFFELN

Für 4 Personen

TINTENFISCH:

12 mittelgroße, 10–13 cm lange, gesäuberte Tintenfische mit Tentakeln, Haut abgezogen

1 mittelgroße Zwiebel, geschält und in 5 mm dicke Scheiben geschnitten

2 Knoblauchzehen, geschält und gepresst

2 große Eiertomaten, gehäutet, entkernt und in Würfel geschnitten

1 Bund frisch gehackte, glatte Petersilie

500 g italienische Kartoffeln (z. B. Spunta), geschält und in 1 cm dicke Scheiben geschnitten

1 getrocknete Chili (peperoncino), grob gehackt

4 EL Olivenöl

FÜLLUNG:

150 g trockenes, von der Rinde befreites und in kleine Stücke gerupftes Bauernbrot

2 große, verquirlte Eier

1 Knoblauchzehe, geschält und gepresst

1 Bund frisch gehackte, glatte Petersilie

Meersalz und frisch gemahlener schwarzer Pfeffer

1 Für die Füllung: In einer kleinen Schüssel das Brot 5 Minuten lang in warmem Wasser einweichen lassen. Abtropfen lassen und auspressen. Das Brot mit den Eiern, Knoblauch und Petersilie mischen und mit Salz und Pfeffer abschmecken.

2 Die Tintenfische zur Hälfte mit der Brotmischung füllen, da sich die Füllung beim Backen ausdehnen wird. Die offene Seite der Tintenfische mit Zahnstochern verschließen.

3 Zwiebeln, Knoblauch und Tomaten in eine feuerfeste Backform von mindestens 22 cm Durchmesser geben. Mit Salz und Pfeffer würzen. 3 Esslöffel Wasser dazu geben und darüber die Kartoffelscheiben dachziegelförmig anordnen. Mit Chili bestreuen.

4 Die Tintenfische mit den Tentakeln nach oben darauf setzen. Mit Olivenöl beträufeln. Die Form abdecken und bei geringer Hitze eine Stunde lang backen. Gelegentlich überprüfen, ob die Hitze nicht zu groß ist.

~ *Calamari*

Kalmare gehören genau wie Sepia *(Tintenfisch) und* Octopus *(Krake) zur Familie der Kopffüßler. Ihr Körper hat die Form eines Torpedos, besitzt jeweils acht Fangarme und zwei Tentakel und variiert in der Größe von nur ein paar Zentimeter lang bis zu den Giganten der Science-Fictionfilme. Sie gehören zu den geschicktesten Tiefseejägern. Die nachts mit Ködern und Scheinwerfern im Mittelmeerraum gefangenen Tintenfische sind klein bis mittelgroß und in Italien sehr beliebt. Nachdem man sie gereinigt hat (was einfacher ist, als viele glauben), kann man die Körperbeutel füllen, frittieren oder im Ofen backen und als Füllung unter anderem zum Beispiel die klein gehackten Fangarme und Tentakel benutzen. Man kann die Körper auch in Ringe geschnitten und in Ausbackteig getaucht frittieren, was wunderbar in einem fischigen* fritto misto *schmeckt. Tintenfisch kann man außerdem auch in dicker Tomatensauce oder Wein schmoren.*

Insalata di bottarga ∼ Bottargasalat

Für 4 Personen

1 × 5 cm Bottarga (durch Salzen und Pressen haltbar gemachter Rogen von der Meeräsche), sehr dünn geschnitten

8 halbierte Kirschtomaten

1 fein geschnittenes Sellerieherz (Staudensellerie)

3 EL fruchtiges Olivenöl

frisch gemahlener schwarzer Pfeffer

1 Alle Zutaten gut miteinander vermischen und einfach genießen!

∼ *Bottarga*

Beinah jede Mittelmeerregion bietet eine eigene Bottargavariante an, die ursprünglich dazu diente, Fischrogen zu konservieren. Die Lösung? Die Eiersäcke werden gesalzen und unter schweren Gewichten so lange gepresst, bis sämtliche Flüssigkeit entwichen ist. Anschließend werden sie getrocknet und ähneln dann ein wenig luftgetrockneten Salamiwürsten, die sich Monate lang halten. Am häufigsten wird dazu der Rogen der Meeräsche und des Thunfischs verwendet. In Sizilien isst man meist Thunfischbottarga, während die Sardinier lieber Meeräschenbottarga essen. Letztere wird in eine Wachsschicht gewickelt, die vor der Verarbeitung erst mit einem scharfen Messer entfernt werden muss.

Schon im alten Ägypten galt Bottarga als Delikatesse und ist dort auch heute noch sehr beliebt. Bottarga kann als Vorspeise oder als Snack zum Aperitif gereicht werden, mit Öl oder Zitronensaft beträufelt, mit frisch gemahlenem schwarzem Pfeffer und Petersilie bestreut. Vielerorts wird sie auch über Nudeln oder Reis gerieben. Bottarga hat einen sehr intensiven, salzigen Geschmack und sollte daher entweder gerieben oder sehr fein geschnitten werden.

Maccheroni alla bottarga di favignana ~

MAKKARONI MIT BOTTARGA

Ich habe dieses Rezept erst einmal an meiner Familie getestet, da ich ihre Geschmäcker recht gut kenne. Wegen ihrer intensiven Aromen erfordert es stets etwas Mut, derlei typisch süditalienische Gerichte Fremden vorzusetzen. Doch inzwischen kann ich ruhigen Gewissens sagen, dass dieses Rezept ein voller Erfolg ist! Vor allem für die dazu gereichte pikante Pinienkerncreme habe ich viele begeisterte Kommentare eingeheimst.

Für 4 Personen

    3 Knoblauchzehen
   30 g Pinienkerne
    2 EL Olivenöl
   10 halbierte Kirschtomaten (pomodorini)
    1 EL trockener Weißwein
  300 g Makkaroni
  Meersalz
    1 Bund frische, glatte, gehackte Petersilie
    2 EL extra natives Olivenöl
  100 g *bottarga di tonno* (gepresster Thunfischrogen), sehr fein geschnitten

1 Zwei Knoblauchzehen und die Pinienkerne in einem Mörser zu einer cremigen Masse zerstoßen und zur Seite stellen.

2 Das Olivenöl in einem mittelgroßen Topf erhitzen, die dritte, in dünne Scheiben geschnittene Knoblauchzehe hineingeben und die Tomaten und den Wein zugeben. Unter gleichmäßigem Rühren 3 Minuten schmoren, bis der Wein verdunstet ist.

3 Die Nudeln in sprudelnd kochendem Salzwasser *al dente* kochen, abtropfen lassen und mit der Sauce, der Petersilie, dem extra nativen Olivenöl und der *bottarga* vermischen.

4 Mit der Pinienkerncreme garnieren und sofort servieren.

Frutti di mare in umido ～ MEERESFRÜCHTEEINTOPF

Auch bei uns kann man inzwischen hervorragende Meeresfrüchte kaufen und sie erfreuen sich wachsender Beliebtheit. Das Faszinierende an Meeresfrüchten ist, wie schnell und einfach sie sich zubereiten lassen und wie schmackhaft sie sind – eine Tatsache, die den Italienern natürlich längst bekannt ist. Dieser typisch ligurische Eintopf ist das beste Beispiel dafür.

Für 4 Personen
- 24 Miesmuscheln
- 24 Herzmuscheln (vorzugsweise Venusmuscheln)
- 8 Scheiben trockenes, helles Bauernbrot
- 4 EL Olivenöl
- 3 Knoblauchzehen, geschält und gepresst
- 3 Eiertomaten, entkernt und gewürfelt
- 1 Bund frische, glatte Petersilie
- 350 ml trockener Weißwein

1 Den Ofen auf 200 °C/Gasherd Stufe 4 vorheizen.

2 Die Muscheln vorbereiten, dazu entbarten, die Schalen gründlich abbürsten und sie sorgfältig waschen. Muscheln, die nicht ganz geschlossen sind, aussortieren (sie könnten tot sein).

3 Die Brotscheiben auf einem Backblech im vorgeheizten Ofen 6 Minuten rösten. Die Scheiben wenden und weitere 6 Minuten rösten. Auf einem Kuchenrost auskühlen lassen.

4 Das Olivenöl in einer Pfanne bei mittlerer Hitze erhitzen und den Knoblauch darin weich dünsten. Tomaten und die Hälfte der Petersilie zugeben, die Temperatur etwas erhöhen und unter ständigem Rühren eine Minute lang kochen .

5 Den Wein zugießen und einkochen lassen, bis etwa die Hälfte des Weins verdunstet ist. Muscheln zugeben, die Hitze reduzieren, die Pfanne abdecken und alles zusammen etwa 10–12 Minuten lang köcheln lassen, bis sich die Muscheln geöffnet haben. Geschlossene Muscheln aussortieren.

6 Den Muscheleintopf auf eine große Platte geben, mit der restlichen Petersilie bestreuen und das geröstete Brot darum herum dekorieren. Sofort servieren.

～ Cozze e vongole

Mies- und Herzmuscheln lohnen den Einkauf, denn sie haben dünnere Schalen als viele andere Muschelarten, daher bekommt man bei gleichem Gewicht verhältnismäßig mehr Muschelfleisch. Wenn sie nicht sofort verzehrt werden, lassen sie sich einen Tag lang in einem Eimer mit Salzwasser aufbewahren. Sie sollten unter fließendem, kaltem Wasser gewaschen und von Sand oder Schlick befreit werden. Anschließend müssen sie »entbartet« werden, das heißt, man zieht mit Daumen und Zeigefinger die Byssusfäden ab. Falls eine Muschel danach geöffnet sein sollte, ist sie vermutlich tot und damit giftig und muss aussortiert werden.

Das Fleisch der Herzmuscheln ist fester als das der Austern oder Miesmuscheln, daher müssen sie sorgfältig vorbereitet und gekocht werden. Auch sie sollten unter fließendem, kalten Wasser gewaschen und gebürstet werden und sollten in einem geschlossenen Topf nur so lange gegart werden, bis sie sich geöffnet haben. Herzmuscheln sollten stets noch am Kauftag verzehrt werden.

∼ Melone

Vor allem Cantaloup- und Netzmelonen werden neben Honigmelonen in Italien angebaut. Reif sollten alle Melonenarten auf leichten Druck am Stielende etwas nachgeben und den typischen Melonenduft verströmen. Mein persönlicher Richtwert für den Reifegrad ist das Gewicht der Melone – je schwerer sie ist, desto höher ist der Zuckergehalt. Gekühlte Melone isst man in Italien gern zum Frühstück, sie schmeckt jedoch auch wunderbar mit anderen Sommerfrüchten als Obstsalat oder mit Parmaschinken als Vorspeise. Im Kühlschrank sollten Melonen stets gut verpackt aufbewahrt werden, da sonst alles um sie herum ihren süßlichen Geruch annimmt.

Sorbetto di melone ∼ MELONENSORBET

Die Zuckermenge sollte sich bei diesem Rezept nach der Süße der Melone richten. Während der langen heißen Sommer in Italien, wenn die Hitze die Menschen erschöpft und sie sich kühle Luft zufächeln, kann ein Löffel Melone oder Melonensorbet wahre Wunder bewirken. Einmal habe ich sogar eine noch ungewöhnlichere Art beobachtet, sich mit einer Melone zu erfrischen: an einem glühend heißen Tag am Strand stülpte eine Mutter ihrem Kind die leere Schale einer halben Melone über den Kopf, um diesen zu kühlen und das Kind gleichzeitig vor der Sonne zu schützen!

Für 4 Personen
  2 reife Honigmelonen
75–150 g Zucker

1 Die Melonen halbieren und die Kerne herauslöffeln. Die Hälften vierteln, die Schale entfernen und das Fruchtfleisch in 2,5 cm große Stücke schneiden. Mit einem Mixer zu einer glatten Masse pürieren. Je nach Geschmack Zucker hinzufügen, jedoch mindestens 75 g.

2 Das Püree 2 Stunden lang in den Kühlschrank stellen und anschließend in einem passenden Gefäß gefrieren oder in die Eismaschine geben. Das Sorbet bis zum Servieren im Gefrierschrank verwahren, mit einem Löffel Bällchen auf die Teller geben und genießen.

Crostata di ciliegia ~ Kirschkuchen

Kirschen schmecken vielleicht nirgends so gut wie in diesem Kuchen. Im warmen Klima Süditaliens treibt ein Kirschbaum schon kurz nach dem Pflanzen im Frühjahr wunderschöne Blüten, die bereits im Mai und Juni, also früher als bei uns, zu Früchten heranreifen. Sie können diesen Kuchen auch mit anderen Obstsorten belegen, denn der Haselnussteig schmeckt einfach köstlich.

Für 6 Personen
TEIG:
200 g Weizenmehl
  1 Prise Salz
150 g Butter
 80 g Puderzucker
 50 g geröstete, fein gehackte
      Haselnüsse
  1 großes Eigelb

BELAG:
700 g reife Kirschen
350 g Mascarpone
 30 g Puderzucker
  2 TL Vanilleextrakt
  1 TL Brandy

1 Das Mehl mit dem Salz in eine Schüssel sieben und die Butter unterkneten, bis die Masse feinen Brotkrümeln ähnelt. Zucker und Haselnüsse hinzugeben.

2 Das Eigelb und etwa 2 Esslöffel Wasser einrühren und alles zu einem glatten Teig verkneten. In Küchenfolie gewickelt etwa eine halbe Stunde lang kalt stellen.

3 In der Zwischenzeit die Kirschen entsteinen und den Ofen auf 190 °C/Gasherd Stufe 3–4 vorheizen.

4 Auf einer mit Mehl bestäubten Arbeitsfläche den Teig ausrollen und eine Springform von 28 cm Durchmesser damit auslegen. Den Teig mit einer Gabel einstechen, mit Backpapier und getrockneten Bohnen belegen und im vorgeheizten Ofen eine Viertelstunde lang blind backen, damit die Teigränder knusprig werden. Backpapier und Bohnen entfernen und die Springform weitere 5 Minuten in den Ofen stellen, damit auch der Teigboden goldbraun wird. Abkühlen lassen.

5 In einer großen Schüssel Mascarpone, Puderzucker, Vanilleextrakt und Brandy miteinander vermischen. Die Masse auf den Kuchenboden streichen, mit Kirschen garnieren und servieren.

~ Ciliegia

Kirschen sind süß und saftig und haben einen ausgeprägten Geschmack. Ihr Saft färbt Lippen, Finger und alles andere, womit die Frucht in Kontakt kommt. Sie sind eine heiß ersehnte süße Köstlichkeit des Sommers. Man unterscheidet Süß- und Sauerkirschen. Beim Einkauf sollte man auf die Beschaffenheit der Stiele achten: Sie sollten grün und biegsam sein, nicht trocken und brüchig. In Italien werden Kirschen meist roh gegessen, seit Jahrhunderten werden sie jedoch auch für Saucen und Suppen verwendet oder mit Gewürzen in Essig eingelegt.

Torta di ciliegia ~ KIRSCHTORTE

Für 6 Personen
120 g weiche Butter
150 g brauner Zucker
   4 große Eier, getrennt
200 g Weizenmehl
   1 TL Backpulver
   1 EL Brandy
   1 Prise Meersalz
250 g entsteinte Kirschen
Puderzucker zum Bestäuben

1   Den Ofen auf 180 °C/Gasherd Stufe 3 vorheizen. Eine Kuchenform von 20 cm Durchmesser ausfetten und mit Mehl bestäuben.

2   Butter und Zucker cremig rühren. Die Eigelbe mit etwas Mehl verquirlen. Das restliche Mehl mit dem Backpulver mischen, sieben und mit dem Brandy und den Eigelben vorsichtig unterrühren.

3   Das Eiweiß mit dem Salz steif schlagen. 3 Esslöffel steif geschlagenes Eiweiß in den Teig geben und gut verrühren. Mit einem Metalllöffel das restliche Eiweiß vorsichtig unterheben und den Teig in die Kuchenform geben.

4   Die vorbereiteten Kirschen auf den Teig geben und leicht andrücken.

5   30–40 Minuten backen, bis der Teig aufgegangen ist und sich fest anfühlt.

6   Den Kuchen in der Form auskühlen lassen, auf einen Kuchenrost stürzen und mit Puderzucker bestäuben.

Zabaglione semifreddo ~ Halbgefrorene Weinschaumcreme

Ich habe gehört, dass ein sizilianischer Doktor schwangeren Frauen Zabaglione verordnet hat, was bei dem Proteinreichtum des Eigelbs und dem Eisengehalt des kräftigen Marsala-Weins verständlich ist. Dieses Rezept ist eine gefrorene Variante des klassischen italienischen Nachtischs.

Für 6 Personen
 12 große Eigelbe
120 g brauner Zucker
300 ml trockener Marsala
300 ml Schlagsahne
180 g frische Früchte der Saison
   (z. B. Erdbeeren, Himbeeren, usw.)
   zum Servieren
  2 EL geröstete, gehackte Haselnüsse
   zum Bestreuen

1 In einer Schüssel Eigelbe und Zucker schaumig schlagen und den Marsala unterrühren.

2 Die Schüssel auf einen Topf mit heißem Wasser setzen (die Schüssel darf das Wasser nicht berühren) und bei niedriger Hitze 12 Minuten gleichmäßig und geduldig rühren, bis die Masse eindickt. Sofort vom Herd nehmen, die Schüssel in kaltes Wasser stellen und weiter rühren. Abkühlen lassen.

3 Die Sahne sehr steif schlagen und unterheben. Die Creme für mindestens 6 Stunden in den Gefrierschrank stellen oder in eine Eismaschine geben und die Anweisung des Herstellers befolgen.

~ *Frutti di estate*

Sommerfrüchte Die große, leuchtend rote Erdbeere, wie wir sie heute kennen, hat sich über die Jahrhunderte aus der winzigen, wilden Frucht entwickelt, die überall in gemäßigten Klimazonen gedeiht. Diese (heute auch kultivierte) so genannte Walderdbeere wird wegen ihres intensiven Aromas immer noch sehr geschätzt. Erdbeeren sollte man höchstens kurz waschen, bevor man die Stiele entfernt, da die Früchte sonst durch eindringendes Wasser an Aroma verlieren. Genießen Sie die Erdbeeren einfach so, wie sie sind – ich mag sie ganz besonders mit etwas Zitronensaft beträufelt. Die samtweichen, hochroten Himbeeren gedeihen in den moderaten Klimazonen Europas, sogar im nördlichen Schottland. Sie sind im Juni und Juli erhältlich, eine spätreife Sorte wird sogar erst im Oktober geerntet. Ich esse sie am liebsten pur oder mit anderen weichen Beeren gemischt. Da sie schnell schimmeln, sollte man sie nicht lange im Kühlschrank lagern, sondern sie am besten sofort nach dem Ernten verzehren (oder einfrieren). Himbeeren lassen sich wunderbar zu Konfitüren, Säften, Kompotten und Saucen verarbeiten.

Pizza dolce ~ Süsse Pizza

Dies ist eine wirklich köstliche Pizzavariation. Meine Großmutter buk sie als kleine Zwischenmahlzeit oder als Imbiss nach der Siesta, und wir tranken dazu einen starken Espresso. Der Brotteig wird mit einer Cremeschicht bestrichen und anschließend mit frischem Obst belegt. Schmeckt auch wunderbar zum Frühstück! Nutzen Sie ihre Fantasie und fügen Sie weitere Zutaten hinzu – bestreuen Sie sie zum Beispiel mit geraspelter Schokolade und/oder gerösteten, gehackten Haselnüssen.

Ergibt 2–3 Pizze

BRIOCHETEIG:
 20 g frische Hefe
175 ml erwärmte Milch
450 g Weizenmehl
 4 große Eier und 2 Eigelbe
 5 EL brauner Zucker
 ¹/₂ TL Salz
250 g Butter, in Stücke geschnitten
 1 Eigelb zum Bestreichen

BELAG:
200 g Frischkäse mit über 70% F.i.T.
 2 große Eigelbe
2–3 Tropfen Vanilleextrakt
 1 EL Zucker
250 g frische Früchte (Erdbeeren, Himbeeren, usw.)

STREUSELBELAG:
175 g brauner Zucker
 30 g Mehl
 50 g geschmolzene Butter

1 Den Ofen auf 200 °C/Gasherd Stufe 4 vorheizen. Für den Teig: Die Hefe in der Milch auflösen. 130 g Mehl hinzugeben und zu einem klebrigen Teig verrühren. Mit dem restlichen Mehl bedecken. Abgedeckt an einem warmen Ort 45 Minuten ruhen lassen, bis die klebrige Masse durch das Mehl hindurch Blasen wirft.

2 Das Mehl unterrühren. Eier, Eigelbe, Zucker und Salz hinzugeben und alles zu einem elastischen Teig verrühren. Nach und nach die Butterstückchen hinzugeben und jeweils gut vermengen, bevor mehr Butter untergerührt wird. 5 Minuten lang kneten bis der Teig glatt und geschmeidig ist.

3 Abdecken und über Nacht im Kühlschrank gehen lassen. Der Teig sollte sein Volumen verdreifachen, daher, falls notwendig, den Teig am nächsten Morgen noch weiter gehen lassen. Den Teig in zwei oder drei Stücke teilen und jeweils kreisförmig, 5–8 mm dick ausrollen. Abdecken und den Belag vorbereiten.

4 Für den Belag: Den Frischkäse mit den Eigelben, Vanilleextrakt und Zucker verrühren. Die Zutaten für den Streuselbelag miteinander vermischen. Die Teigkreise mit der Crememischung bestreichen, mit den Früchten garnieren und den Streuselteig darüber krümeln.

5 Den noch sichtbaren Hefeteig um den Belag mit dem Eigelb bestreichen und im vorgeheizten Ofen 25–30 Minuten backen, beziehungsweise bis der Teig locker und goldbraun ist und die Streusel knusprig sind.

Gelato al cioccolato amaro ∼ Bitterschokoladeneis

Eis zu essen gleicht in ganz Italien beinahe einem Ritual. Ich vermute, dass das italienische Eis deshalb so köstlich schmeckt, weil es nicht so fetthaltig ist und daher nicht so schwer im Magen liegt. Schokoladeneis ist mit Sicherheit die beliebteste Eissorte. Sollten Sie je nach Siena kommen, müssen Sie unbedingt das Eis von Nannini, einer alteingesessenen Eisdiele, kosten, die auch für ihr *panforte* berühmt ist. Die Tochter der Familie, Gianna Nannini, ist eine berühmte italienische Popsängerin.

Für 8 Personen
8 große Eigelbe
180 g brauner Zucker
1 l Vollmilch
200 g in Stücke gebrochene Bitterschokolade (75 % Kakaoanteil)
250 g Kakaopulver (bitter und von guter Qualität)

1 Die Eigelbe und den Zucker schaumig schlagen.

2 Die Milch in einen Topf geben, Schokolade und Kakao hinzufügen und langsam und unter ständigem Rühren zum Kochen bringen.

3 Vom Herd nehmen und in die noch heiße Schokoladenmischung die Eiercreme einrühren. Abkühlen lassen.

4 Die Mischung zwei bis drei Stunden in den Gefrierschrank stellen und anschließend erneut gut durchrühren oder in eine Eismaschine füllen und den Anweisungen des Herstellers folgen.

∼ Cacao

Kakao ist zwar das ganze Jahr über erhältlich, doch jedes Kind weiß, dass an einem heißen Sommertag nichts köstlicher schmeckt als ein Schokoladeneis. Die kakaohaltigen Getränke, die Hernando Cortez und seine Gefolgsmänner in Mexiko von den Azteken gereicht bekamen und die sich anschließend in ganz Europa großer Beliebtheit erfreuten, haben nur noch wenig mit den heutigen Kakaomischungen gemein. Denn erst im 18. Jahrhundert wurde eine Methode erfunden, Kakaobohnen von einem Teil des enthaltenen Fetts und den Schalen zu trennen und zu Pulver zu verarbeiten. Der beste Kakao, den ich je gekostet habe, stammte aus Peter's Teahouse in Florenz. Er ist bitter, köstlich und hat eine dunkelviolette Farbe. Er ist eine absolute Bereicherung für alle Rezepte, die Kakao beinhalten, daher sollten Sie sich von einem Florenzbesuch unbedingt etwas davon mitbringen. Ich kaufe ihn auch, um eine wunderbare, reichhaltige, heiße Trinkschokolade daraus zu machen.

～ Caffè

Kaffee: Zwei Arten des kleinen, tropischen Kaffeestrauches liefern 90% der Weltproduktion. Die bekannteste und wirtschaftlich bedeutendste Kaffeeart ist der Arabische Kaffee (Arabica). Ich liebe Kaffee und brühe mir täglich einen starken, dunklen, aromatischen Kaffee auf.

In italienischen Espresso-Bars herrscht stets Hochbetrieb, und fast alle Italiener trinken dort auf dem Weg zur Arbeit ihren ersten Espresso. Nur in ganz seltenen Fällen bekommt man in Italien faden Kaffee ausgeschenkt, denn der barrista – der Mann (oder die Frau) im Ausschank – ist erfahren im Umgang mit dem Kaffee und behandelt seine Kaffeemaschine wie einen heiligen Schrein. In Zabaglione gerührt gehört der Kaffee einfach zum Sommer; dieser köstliche und aromatische Nachtisch spiegelt die Wärme und das Licht des Sommers auf einzigartige Weise wieder.

Zabaglione con espresso ～ KAFFEEZABAGLIONE

Dieses cremige, samtweiche Dessert ist die perfekte Art, ein Mahl zu beenden. Verführen Sie Ihren Liebsten an einem warmen Sommerabend damit.

Für 4 Personen
4 große Eigelbe
2 EL brauner Zucker
1 Msp. Mehl
2 EL frisch aufgebrühter Espresso
1 TL Vollmilch
50 ml trockener Marsala

1 In einer Schüssel über einem Topf mit kochendem Wasser Eigelbe, Zucker und Mehl mit einem Schneebesen schaumig schlagen. Es dauert etwa 5 Minuten bis sich der Zucker aufgelöst hat und die Masse eingedickt ist.

2 Espresso, Milch und Marsala hineingießen und kontinuierlich weiterrühren, bis die Zabaglione luftig und fest wird. Dies dauert ca. weitere 5 Minuten. 10 Minuten ruhen lassen und in Schälchen füllen.

Autunno

～ Herbst

»Befiehl den letzten Früchten voll zu sein;

Gib ihnen noch zwei südlichere Tage,

Dränge sie zur Vollendung hin und jage

Die letzte Süße in den schweren Wein.«

»Herbsttag«, R. M. Rilke (1875–1926)

Brodo di verdure ~ GEMÜSEBRÜHE

Die Gemüsebrühe ist die Basis für Risotti, Suppen und Saucen. Kein Koch in Italien würde hier einen Kompromiss machen. Sie ist das Markenzeichen hoher kulinarischer Kunst.

Ergibt etwa 1,5 Liter

40 g Butter

1 EL Olivenöl

3 Knoblauchzehen, geschält und gepresst

1 große Zwiebel, geschält und grob gehackt

4 Lauchstangen, gesäubert und grob gehackt

2 Karotten, geschält und grob gehackt

2 Stangen Staudensellerie, grob gehackt

1 Fenchelknolle, grob gehackt

1 Bund frisch gehackte, glatte Petersilie

4 frische oder 2 getrocknete Lorbeerblätter

2 frische Thymianzweige

1 In einem großen Schmortopf Butter und Öl erhitzen. Knoblauch 2 Minuten darin dünsten, anschließend die restlichen Zutaten zufügen und solange unter gleichmäßigem Rühren kochen, bis das Gemüse weich ist.

2 3 Liter Wasser zugießen, bis kurz vor dem Siedepunkt erhitzen, den Topf abdecken und das Gemüse eine Stunde lang köcheln lassen.

3 Vom Herd nehmen und anderthalb Stunden abkühlen lassen. Den Topf erneut auf den Herd stellen und eine weitere Viertelstunde köcheln lassen. Das Gemüse durch ein Sieb streichen und zurück in den Topf geben. Aufkochen lassen und sprudelnd weiter kochen lassen, bis die Flüssigkeit auf die Hälfte reduziert ist. Im Kühlschrank hält sich die Gemüsebrühe etwa drei Tage, kann also nach Bedarf verwendet werden.

~ *Porri*

Lauch (Porree) stammt vermutlich aus dem Mittelmeerraum und wuchs dort zunächst wild. Auch heute noch ist der Lauch dort schmaler und zarter und mit unseren zum Teil monströsen Lauchstangen nicht zu vergleichen. Lauch ist das süßeste Mitglied der Zwiebelfamilie. Beim Kauf sollte man darauf achten, dünne junge Stängel ohne harten Blattkern auszuwählen. Sie sollten ungeputzt sein, knackig frisch und der weiße

Teil des Stängels sollte überwiegen (obwohl der grüne Teil für Suppen benutzt werden kann). Lauch muss zunächst gründlich gereinigt werden, denn vor allem wenn es geregnet hat und Matsch hochgespritzt ist, setzt sich dieser zwischen die einzelnen Blätter. Nachdem die Wurzel und ein Großteil des grünen Endes abgeschnitten sind, sollte man den Lauch unter fließendes Wasser halten und die Blätter gut ausspülen (sie können dazu ruhig etwas geöffnet werden). Lauch gehört für mich einfach in Suppen und Gemüsebrühen, außerdem ist er die Basis italienischer »soffritti« und schmeckt wunderbar in Nudelsaucen und Risotti.

Pappa con pomodore e porri ~ LAUCH-TOMATENSUPPE

Wie bereits erwähnt, lieben wir Italiener es, beim Kochen jeden Rest in unserer Küche noch zu verwenden. Da unser Brot so schnell hart wird und immer etwas davon übrig bleibt, ist hier ein schönes Beispiel, wie man mit Brotresten eine leckere Suppe eindicken kann. Das Öl zum Beträufeln der Suppe sollte wirklich gute Qualität haben.

Für 6 Personen
- 6 junge Lauchstangen, in Scheiben geschnitten
- 50 ml Olivenöl
- 700 g frische reife Tomaten, Stängelansatz ausgeschnitten
- Meersalz und frisch gemahlener schwarzer Pfeffer
- 1/2 TL getrocknete Chili (peperoncino)
- 450 g trockenes Weißbrot
- 750 ml Gemüsebrühe (siehe Seite 128)
- 6 frische Basilikumblätter
- 4 EL extra natives Olivenöl (direkt vom Hersteller)

1 Den Lauch unter kaltem, fließenden Wasser gründlich waschen. Abtropfen lassen und fein hacken.

2 In einem großen Topf Olivenöl erhitzen, den Lauch hineingeben und 10 Minuten lang schmoren lassen.

3 In der Zwischenzeit die Tomaten in einer Küchenmaschine oder mit einem Mixer pürieren. Zum Lauch dazu geben. Mit Salz, Pfeffer und Chili würzen und 30 Minuten lang köcheln lassen.

4 Das Brot in kleine Stücke schneiden und in den Topf geben. Gut verrühren und bei reduzierter Hitze 5 Minuten köcheln lassen. Die Brühe hinzugeben, gut verrühren und weitere 10 Minuten köcheln lassen.

5 Die heiße Suppe auf Suppenteller verteilen, mit einem Basilikumblatt verzieren und mit etwas extra nativem Olivenöl beträufeln.

Risotto ai porri con noci e vinsanto ∼

Lauchrisotto mit Nüssen und Vino santo

Hier ist meine Variante des klassischen toskanischen Risottos. Risotto ist ein wunderbares Zweitöpfegericht – ein Topf für die Brühe und einer zum Kochen – und wie Sie wissen, ist es nach 18–20 Minuten gar. Da Risotto ständig gerührt werden muss, kann man die anderen Familienmitglieder beim Zubereiten mit einbeziehen – zum Beispiel 10 Minuten pro Kind oder Freund! Die Zutaten sollen lediglich als Vorschlag dienen: Kreieren Sie Ihre eigenen Geschmackskombinationen. Ich bin aber der Meinung, dass sich Lauch und Walnüsse von Geschmack und Farbe her wunderbar ergänzen.

Für 4 Personen
- 80 g Butter
- 3 Schalotten, in dünne Scheiben geschnitten
- 4 junge zarte Lauchstangen, gesäubert und fein gehackt
- 1 TL grüne Pfefferkörner, im Mörser zerstoßen
- 120 g frisch geschälte Walnüsse, grob gehackt
- 350 g Carnaroli (Risottoreis)
- 125 ml Vino santo
- 1 l heiße Gemüsebrühe (siehe Seite 128)
- 100 g frisch geriebener Parmesankäse
- Meersalz und frisch gemahlener schwarzer Pfeffer
- 1 Bund frisch gehackte, glatte Petersilie

1 In einem großen Topf die Butter zerlassen und die Schalotten und den Lauch darin glasig dünsten. Den grünen Pfeffer und die Walnüsse hinzugeben und 1 Minute lang anbraten.

2 Den Reis zugeben und golden anbraten. $3/4$ des Vino santo über den Reis gießen und einkochen lassen. Die heiße Gemüsebrühe unter gleichmäßigem Rühren nach und nach dazugeben und stets warten, bis sie eingekocht ist (dauert ca. 15–18 Minuten). Schließlich den restlichen Vino santo zugießen und solange weiter kochen lassen, bis der Reis *al dente* ist.

3 Vom Herd nehmen und den Parmesan und die restliche Butter unterrühren. Mit Salz und Pfeffer abschmecken. Abgedeckt 2 Minuten ruhen lassen und anschließend mit Petersilie bestreut sofort servieren.

Melanzane ~ Auberginen

Botanisch gesehen ist die Aubergine zwar eine Frucht, doch in der Küche wird sie wie ein Gemüse behandelt. Genau wie Kartoffeln, Tomaten und Paprika gehört sie zur Familie der Nachtschattengewächse. Ursprünglich in Indien beheimatet, wurde die Pflanze etwa im 8. Jahrhundert von den Mauren in Spanien eingeführt oder gelangte per Schiff mit den Arabern im 13. Jahrhundert nach Europa. Von dort verbreitete sie sich über die ganze Welt. In den Tropen und Subtropen wird die Aubergine als Feldfrucht angebaut, in gemäßigteren Zonen wird die Wärme liebende Pflanze in Gewächshäusern gezogen. Sie lässt sich leicht kreuzen, daher gibt es inzwischen ein Vielzahl von Varietäten, die sich in Farbe, Form und Größe unterscheiden. Sie reichen von den winzig kleinen, erbsengroßen Auberginen, wie sie in Indien und Thailand verwendet werden, über die eiförmigen, weißen Früchte (daher der englische Name »eggplant«) bis zu den glänzenden, dunkelvioletten länglichen Früchten, wie wir sie kennen.

Der Name Aubergine stammt vermutlich aus dem Arabischen – von dem sich der moderne indische Name »brinjal« ableitet. Der italienische Name wurde von dem lateinischen Namen »malaus insana« (krankmachender Apfel) abgeleitet. Dies klingt ein wenig besorgniserregend und hat vielleicht damit zu tun, dass die Pflanze mit tödlichen Nachtschattengewächsen und Belladonna verwandt ist ...

In Italien lieben wir Auberginen und nutzen sie in der Küche auf vielfältige Weise. Das berühmteste italienische Gericht ist vielleicht *parmigiana di melanzane* – in Schichten gebackene gebratene Auberginen mit Tomatensauce, Mozzarella und Parmesankäse. Auch eine Art wunderbar schmackhafte und sättigende »Fleischbällchen« – *polpette* (siehe Seite 101) werden aus Auberginen gemacht – in der Tat nannte man in Italien früher Auberginen »das Fleisch des armen Mannes«. Gekocht schmecken sie köstlich in der italienischen Version der provenzalischen Ratatouille. Außerdem lassen sie sich füllen, backen oder einlegen.

Auberginen enthalten Bitterstoffe. Um diese zu entfernen, sollten die Auberginen vor dem Weiterverarbeiten zunächst in Scheiben geschnitten und gesalzen werden. Nach 20 Minuten das Salz abspülen und die Auberginen trocknen. Einige Autoren behaupten, die neueren Züchtungen enthielten keine Bitterstoffe mehr, doch ich habe mit vielen italienischen Landwirten gesprochen, die das Gegenteil behaupten. Daher salze ich sie immer noch und finde, dass sie anschließend viel besser schmecken. Auberginen sind dafür bekannt, beim Kochen reichlich Öl aufzusaugen. Das Salzen hilft ein wenig dagegen, ebenso kann man sie zunächst kurz blanchieren. Auf jeden Fall sollten sie auf Küchenpapier getrocknet werden, damit das überschüssige Öl abgetupft wird.

Ciambotta ~ GEMÜSEEINTOPF

Diese neapolitanische Variante der Ratatouille ist ein traditionelles Gericht, das sowohl als Vorspeise als auch als Beilage zu Fleisch oder Fisch serviert werden kann. Ich habe sehr genaue Angaben zum Kleinschneiden des Gemüses gemacht, da ich der Ansicht bin, dass dieses Gericht sonst zu gewöhnlich wirkt. Sorgfältig zugeschnittenes Gemüse sieht etwas eleganter aus und kann auch zu festlicheren Anlässen und nicht nur zu einfachen Familienmahlzeiten serviert werden.

Für 4 Personen
- 1 kleine Zwiebel, geschält und in Scheiben geschnitten
- 50 ml Olivenöl
- 2 Knoblauchzehen, geschält und gepresst
- 350 g neue Kartoffeln, geschält und in 2 cm große Würfel geschnitten
- 450 g Auberginen, geschält und in 2,5 cm große Würfel geschnitten
- 1 rote Paprika, entkernt und in 4 cm große Stücke geschnitten
- 1 gelbe Paprika, entkernt und in 4 cm große Stücke geschnitten
- 4 große Eiertomaten, enthäutet, entkernt und klein gehackt
- 1 TL getrockneter Oregano
- 1 Hand voll frische, zerrupfte Basilikumblätter
- Meersalz und frisch gemahlener schwarzer Pfeffer

1 In einem mittelgroßen Topf bei mittlerer Hitze die Zwiebel im Olivenöl glasig dünsten.

2 Knoblauch, Kartoffeln, Auberginen und Paprika zufügen. Die Hitze steigern und die Gemüse unter kräftigem Rühren anbraten. Tomaten und Oregano unterrühren.

3 Das Basilikum über das Gemüse streuen und mit Salz und Pfeffer abschmecken. Den Topf abdecken und das Gemüse eine halbe Stunde köcheln lassen.

4 Heiß oder bei Zimmertemperatur servieren, je nach Geschmack kann mehr Basilikum darüber gestreut werden.

Melanzane sott'olio ~ MARINIERTE AUBERGINEN

Meine Großmutter kochte dieses Gericht im Herbst, wenn die Auberginen reif waren. Ich habe wunderschöne Erinnerungen an den so genannten »Auberginentag«. Wir alle wussten, dass wir nach kurzer Vorbereitungszeit Auberginensandwichs würden genießen können – marinierte Gemüsescheiben zwischen zwei dicken Scheiben Bauernbrot, ölig und duftend. Dieses Gericht schmeckt am besten, wenn die Auberginen genug Zeit hatten, die Marinade vollständig aufzunehmen. Daher sollten Sie mit den Vorbereitungen mindestens zwei Tage im Voraus beginnen.

Für 4 Personen
- 2 mittelgroße geschälte Auberginen (900 g)
- Meersalz und frisch gemahlener schwarzer Pfeffer
- 2 EL Weißweinessig
- ca. 8 EL gutes, fruchtiges, extra natives Olivenöl
- 1 Bund frisch gehackte Minzeblätter
- 2 TL frischer Majoran
- 4 Knoblauchzehen, geschält und klein gehackt

1 Die Auberginen in 2 cm dicke Scheiben schneiden. In einer großen mit Wasser gefüllten Schüssel 2 EL Salz auflösen. Die Auberginenscheiben in Salzwasser einlegen.

2 In einem großen Topf den Essig und 600 ml Wasser zum Kochen bringen. Die Auberginenscheiben in einem Salatsieb abtropfen lassen. Die Scheiben in dem Essigwasser 3 Minuten kochen lassen. Mithilfe eines Schaumlöffels die Auberginen nebeneinander auf Küchenpapier legen; mit einer weiteren Lage Küchenpapier bedecken und dieses leicht andrücken, damit es die Feuchtigkeit aufnimmt. Für die nächsten Scheiben immer wieder neues Küchenpapier verwenden. Eine Stunde lang trocknen lassen.

3 Die Auberginenscheiben in eine große Schüssel geben. Öl, Kräuter, Knoblauch und Pfeffer miteinander vermischen und mit Salz abschmecken. Diese Mischung über die Auberginen gießen und gegebenenfalls mehr Öl hinzufügen, damit wirklich alle Scheiben bedeckt sind. Die Schüssel abdecken und die Auberginenscheiben vor dem Servieren nach Möglichkeit 2 Tage darin ziehen lassen.

Aglio ∼ Knoblauch

Der ursprünglich vermutlich aus Asien stammende wilde Knoblauch gehört zu den ältesten Kulturpflanzen überhaupt. Bereits bei den alten Ägyptern hatte er eine wichtige gastronomische Bedeutung, und Hippokrates – der Urvater der Medizin – schätzte schon seine Heilkräfte. Von Plinius sind einundsechzig heilende Knoblauchrezepte überliefert. Im Mittelalter wurde das starke Aroma des Knoblauch in ganz Europa dazu genutzt, Geschmack und Gerüche von nicht mehr ganz frischen Zutaten zu überdecken. Der charakteristische Geruch wurde jedoch auch für andere Zwecke verwandt. Es wird erzählt, der von Napoleon bei Ligny geschlagene Generalfeldmarschall Fürst Blücher von Wahlstatt sei ohnmächtig vom Pferd gefallen. Er wurde mit einem Gebräu aus Knoblauch und Gin wieder belebt, stieg zurück auf sein Pferd und entschied die Schlacht von Waterloo doch noch zugunsten der Alliierten. Knoblauch war berühmt dafür, das Böse fern zu halten, und im Dorf Bonpietu in der Nähe der Stadt Agrigent kauen die Einwohner am 1. Mai Knoblauchzehen, um den Teufel zu vertreiben, der sie der Sage nach jedes Jahr an diesem Tag heimsucht. Es ist allgemein bekannt, wie verhasst dem Teufel der Geruch von Knoblauch ist!

Knoblauch gehört genau wie Lauch und die Zwiebeln zur Familie der Liliengewächse und ist das ganze Jahr über erhältlich. Die Knolle besteht aus bis zu zwölf, von weißen Häutchen ummantelten Zehen. Im Frühjahr treibt die Pflanze an einem langen röhrenartigen Stängel einen doldigen Blütenstand aus vielen kleinen rosavioletten Blüten. Frischer Knoblauch kommt zu Sommerbeginn in den Handel. Die Knollen wirken plumper und haben ein festeres Hüllblatt als die uns vertrauten Knollen. Da die Knollen zum Herbst hin austrocknen, sitzen die einzelnen Zehen loser, die Zwischenhäute werden pergamentartiger und das Aroma gewinnt an Intensität. Wilder Knoblauch wächst auch heute noch auf Ödlandflächen und im feuchten Unterholz und ist leicht am Geruch zu erkennen.

Wie die meisten aromatischen Gewächse besitzt auch der Knoblauch in südlicheren Ländern ein stärkeres Aroma. Wird Knoblauch gepresst oder zerhackt, wird das ätherische Öl Allicin freigesetzt, das für den scharfen Geruch verantwortlich ist. Je kleiner er zerhackt wird, desto intensiver der Geruch. Kaufen Sie Knoblauch nur bei guten Händlern oder ziehen Sie ihn selbst. Er gedeiht leicht und schmeckt frisch aus der Erde gezogen am besten. Lagern Sie Knoblauch kühl und trocken und entfernen Sie gegebenenfalls aus älteren Zehen den grünen Keim, denn dieser schmeckt bitter.

Knoblauch gilt nach wie vor als gesundheitsfördernd, und ich halte ihn für genauso wichtig wie eine tägliche Dosis Vitamin C. Es gibt viele verschiedene Zubereitungsarten, ich jedoch mag ihn am liebsten – als ganze Knollen oder Zehen - im Hüllblatt geröstet und dann wie Zahnpasta auf »bruschetta« oder Toast ausgedrückt. Lassen Sie Knoblauch niemals anbrennen und verwenden Sie nach Möglichkeit keine Knoblauchpresse – Knoblauch ist viel zu wertvoll, als dass er derlei Behandlung verdient. Stattdessen sollten Sie ihn in hauchdünne Scheiben schneiden oder fein hacken und ihn so vorsichtig kochen, als wollten sie ihn verzaubern.

Spaghetti con aglio e olio ~

SPAGHETTI MIT KNOBLAUCH UND OLIVENÖL

Dieses Gericht zaubert jeder italienische Koch mindestens einmal alle zwei Wochen. In Italien haben wir unterschiedlich dicke Spaghetti – Nummer 6 eignen sich für dieses Gericht am besten. Sie sind nicht zu dünn und nicht zu dick, nehmen das gesamte Aroma der Sauce auf und garantieren ein perfektes Gleichgewicht.

Für 4 Personen
- 1 Bund frische, fein gehackte, glatte Petersilie
- 120 g fein geriebener Pecorinokäse
- 3 Knoblauchzehen, geschält und sehr fein gehackt
- 3 EL Olivenöl
- $^1/_2$ TL getrocknete Chili (peperoncino)
- 375 g Spaghetti
- Meersalz und frisch gemahlener schwarzer Pfeffer

1 Petersilie und Käse miteinander vermischen.

2 In einem mittelgroßen Topf den Knoblauch solange im Olivenöl anschwitzen, bis er goldbraun ist. Vom Herd nehmen und Chili hinzufügen.

3 Die Nudeln im Salzwasser al dente kochen. Abtropfen lassen, jedoch etwas Flüssigkeit auffangen. Die Nudeln und die Flüssigkeit (2 TL) in die Knoblauchsauce geben. Käse und Petersilie unterrühren, abschmecken und sofort servieren.

Funghi ~ PILZE

Pilze gehören zu den merkwürdigsten, interessantesten, nützlichsten und köstlichsten Lebensmitteln überhaupt. In allen Zeiten wurden Pilze hoch geschätzt, rankten sich Sagen um sie und sie nahmen einen wichtigen Platz in der Küche, der Literatur und der Medizin ein.

Da Pilzen das Chlorophyll fehlt, gehören sie zu einer ganz besonderen Pflanzengattung: den Parasiten, die sich von lebenden und toten Organismen und zersetzter organischer Substanz ernähren. Der überirdisch sichtbare Teil der meisten essbaren Pilze ist eigentlich der Fruchtkörper der Pflanze. Unter der Erde besitzen Pilze ein weitreichendes Netzwerk aus feinsten Fädchen – Myzel – mit deren Hilfe sie Nahrung aufnehmen. Es gibt viele Tausend verschiedene Pilzarten. Nur wenige von ihnen sind essbar, einige sind sogar sehr giftig und wieder andere sind es nicht wert, dass man sich mit ihnen beschäftigt. Nur die wenigsten der essbaren Pilzarten lassen sich kultivieren, und gerade die köstlichsten Pilze wachsen nur wild. Die meisten Pilze bevorzugen einen dunklen, feuchten Standort, zum Beispiel laubreiche Waldböden, doch jede Pilzart hat einen ganz speziellen Lieblingswirt oder einen bevorzugten Nährboden. Pfifferlinge und Steinpilze bevorzugen Buchenwälder; während der Wiesenchampignon am ehesten auf Weiden wächst, auf denen Kühe oder Pferde grasen.

Einige Pilze, zum Beispiel Morcheln, sammelt man am besten im Frühjahr, doch die meisten Pilzarten wachsen in den nebligen Monaten des Frühherbstes, bevor der erste Frost einsetzt. Am besten sammelt man sie in den frühen Morgenstunden, bevor Insekten, Tiere oder andere Sammler sie aufgespürt haben. In einigen Ländern Europas ist Pilzsammeln eine beliebte Freizeitbeschäftigung und viele Menschen können sie fachkundig identifizieren, weniger bewanderte sollten sich jedoch nie allein, ohne einen guten Pilzführer oder einen Pilzexperten, auf die Suche machen.

Pilze sollten in unserer täglichen Ernährung einen Stammplatz einnehmen. Sie enthalten weder Cholesterin, noch Fett, jedoch wertvolle Mineralstoffe und wichtige Vitamine. Frische Pilze, egal ob selbst gesammelt oder gekauft, lagert man am besten in dunklen Papiertüten in einer kühlen Speisekammer oder im untersten Fach des Kühlschranks. Viele Pilze lassen sich gut trocknen – vor allem der in Italien so beliebte Steinpilz – so kann man sie das ganze Jahr genießen. Vor dem Kochen sollten getrocknete Pilze eine halbe Stunde in warmem Wasser eingeweicht werden. Verwenden Sie anschließend das Einweichwasser (durchgesiebt) zum Kochen, denn es hat ein ganz intensives Aroma.

Patate con funghi porcini ～ Kartoffeln mit Steinpilzen

Im Herbst sieht man entlang den italienischen Straßen eine Vielzahl von kleinen Ständen, an denen Händler frische Steinpilze anbieten, die oft einladend in Blätter gewickelt in Körben ausliegen. Ich kann dann immer kaum widerstehen, deshalb hier ein Rezept als Beispiel dafür, wie man diese besonderen Pilze genießen kann. Vorsicht, in den Stielen können kleine Raupen sitzen. Halten Sie einfach danach Ausschau und entfernen Sie sie gegebenenfalls - schaden können sie Ihnen natürlich nicht!

Für 6 Personen

500 g italienische Kartoffeln
    (vorzugsweise Elvira oder Spunta)
400 g frische Steinpilze oder andere
    frische Waldpilze
  5 EL Olivenöl
4–5 Knoblauchzehen, geschält und
    gepresst
  1 Bund frisch gehackte,
    glatte Petersilie
Meersalz und frisch gemahlener
    schwarzer Pfeffer

1 Den Ofen auf 180 °C/Gasherd Stufe 3 vorheizen.

2 Die Kartoffeln waschen, bürsten und in 3 mm dicke Scheiben schneiden. Die Pilze vorsichtig abbürsten, um den Schmutz zu entfernen, und ebenfalls in 3 mm dicke Scheiben schneiden.

3 Eine große Backform mit Öl auspinseln und den Boden mit einer Lage Kartoffelscheiben bedecken. Darüber eine Lage Pilze schichten und mit Knoblauch, Petersilie, Salz und Pfeffer bestreuen.

4 Die Backform jeweils schichtweise weiter mit Kartoffeln, Pilzen und Gewürzen auslegen. Mit Olivenöl beträufeln und an der Seite 150 ml Wasser in die Backform gießen.

5 Eine Stunde im vorgeheizten Backofen backen, bis die Kartoffeln weich und die oberste Schicht goldbraun ist. Sieht der Auflauf zu trocken aus, noch etwas Wasser hinzugeben. Warm servieren.

Polenta ~ MAISGRIESS

Polenta ist eine Art »Brei«, der aus Maisgrieß oder Maisgrütze hergestellt wird und wie vieles andere auch bei uns bis zur Zeit der »Conquistadores« im 16. Jahrhundert unbekannt war (Mais stammt aus Mexiko). Zu Zeiten der Römer stellte man Polenta aus einheimischem Getreide – zum Beispiel Gerste – her, und bis vor kurzem servierte man in Norditalien noch eine aus Kastanienmehl hergestellte Polentavariante.

Polenta ist eine norditalienische und Tessiner Spezialität, die ich mir zubereite, wenn ich mir etwas Gutes tun will; Polenta saugt Aromen auf und ist sehr sättigend. Maismehl ist in verschiedenen Mahlstärken und Farbschattierungen im Handel: meist ist es wirklich leuchtend maisgelb, doch es gibt auch eine weiße Variante. Ich esse am liebsten eine grobe Polenta, die man jedoch mindestens 40 Minuten lang unter ständigem Rühren langsam kochen muss, damit sie nicht am Topfboden festklebt. Instant-Polenta schmeckt längst nicht so aromatisch und gehaltvoll.

Lässt sich die gekochte Polenta vom Topfrand lösen, gießt man sie auf ein großes Holzbrett in der Tischmitte und isst sie »feucht« und heiß, meist von einer Sauce begleitet. In Italien gilt es als Zeichen wahrer Freundschaft, Polenta gemeinsam von einem Brett zu löffeln. Das traditionelle Polentaessen gleicht daher dem Schweizer Fondue, bei dem alle ihr Brot in den gleichen Topf tunken. Es ist ein köstliches, rustikales Gemeinschaftsessen und sieht wunderbar aus!

Man kann Polenta auch mit Butter oder Käse verfeinern. Oder man lässt sie erkalten, schneidet sie in Stücke und brät oder grillt sie und isst sie als Alternative zu Brot mit verschiedenen Saucen. Norditaliener essen sie gerne so, wenn schlechtes Wetter sie davon abhält in eine Bäckerei zu gehen. Polenta kann auch als Nachtisch serviert werden; ich esse sie besonders gerne mit dunkler Schokolade, Haselnüssen und Mascarpone.

Funghi porcini in umido con polenta ~

SAUTIERTE STEINPILZE MIT POLENTA

Damit dieses Gericht wirklich mundet, sollte man langsam kochende Polenta verwenden. Im Handel gibt es viele verschiedene auch schnellkochende Sorten, doch das Ergebnis wird Sie enttäuschen – trocken, mangelnde Sämigkeit, wenig Geschmack. Langsam kochende Polenta braucht jedoch ihre Zeit, ca. 40 Minuten. In meiner Kindheit war dies kein Problem, da ich noch drei Schwestern habe, wechselten wir uns mit dem Rühren immer ab, und die Arbeit war schnell erledigt!

Für 6 Personen

PILZSAUCE:

    3 EL Olivenöl
    3 Knoblauchzehen, geschält und
        gepresst
500 g Steinpilze, sauber gebürstet und
        in Scheiben geschnitten
    1 Hand voll frische, möglichst wilde
        Minze, zerpflückt
    1 Dose (120 g) italienische Eiertoma-
        ten, gewürfelt (die Flüssigkeit
        auffangen)
Meersalz und frisch gemahlener
        schwarzer Pfeffer
    4 EL extra natives Olivenöl

POLENTA:

2,4 l kaltes Wasser
Meersalz
500 g grober Maisgrieß

1 Für die Polenta: Das Wasser in einem großen, schweren Topf bei mittlerer Hitze zum Kochen bringen und großzügig Salz hineingeben.

2 Die Polenta unter ständigem Rühren langsam durch die Finger ins Wasser rinnen lassen, damit keine Klumpen entstehen und 40 Minuten auf kleiner Flamme kochen, dabei mit einem Holzlöffel häufig umrühren.

3 Für die Pilzsauce: In der Zwischenzeit die Pilze vorbereiten. In einem großen Topf das Öl erhitzen und den Knoblauch darin eine Minute lang dünsten. Die Pilze und die Minze hinzugeben und auf kleiner Flamme 5 Minuten kochen.

4 Die Tomaten und 2 Esslöffel der aufgefangenen Flüssigkeit hinzugeben, mit Salz und Pfeffer abschmecken und unter ständigem Rühren weitere 10 Minuten kochen.

5 Wenn sich die Polenta vom Topfrand löst, vom Herd nehmen und in Schüsseln oder auf Brettern verteilen. Die Pilze darüber geben und großzügig mit extra nativem Olivenöl beträufeln. Sofort servieren.

Polenta con due salse ~ Polenta mit zwei Saucen

In Italien gilt es als Zeichen wahrer Freundschaft, Polenta gemeinsam von einem Brett zu essen.

Für 6 Personen

POLENTA:

1 l Gemüsebrühe (siehe Seite 128)
    oder Wasser

Meersalz und frisch gemahlener,
    schwarzer Pfeffer

200 g grober Maisgrieß

2 Knoblauchzehen, geschält und
    gepresst

120 g Butter

120 g frisch geriebener Parmesankäse

ZUM SERVIEREN:

Pilzsauce (siehe Seite 146)
Tomatensauce (siehe Seite 147)

1 Für die Polenta: Die Gemüsebrühe oder das Wasser in einem großen Topf zum Kochen bringen. 1 Teelöffel Salz hineingeben.

2 Unter ständigem Rühren mit einem Holzlöffel nach und nach die Polenta hineingeben. Die Hitze reduzieren und solange weiter rühren, bis sich die Polenta leicht vom Topfrand löst.

3 Knoblauch, Butter, Käse, Salz und Pfeffer hinzugeben und weiterrühren, bis die Masse glatt und sämig ist. Die Garzeit sollte etwa 40 Minuten betragen.

4 In der Zwischenzeit die gewünschte Sauce zubereiten oder erwärmen; über die Polenta gießen und servieren.

Salsa di Funghi ~ PILZSAUCE

Dies ist eine traditionelle Sauce, die jeder italienische Koch beherrscht. Sie schmeckt hervorragend zu Polenta, Pasta, in einem Risotto oder einer Lasagne.

Für 4 Personen
700 g Waldpilze
  1 EL Olivenöl
 60 g Butter
  1 kleine scharfe rote Chilischote, entkernt und klein gehackt
Meersalz und frisch gemahlener schwarzer Pfeffer
  1 Bund frisch gehackte, glatte Petersilie

1 Die Pilze säubern, trockene Stielenden abschneiden, Erde abbürsten und die Pilze mit einem feuchten Tuch abreiben.

2 Die Pilze grob hacken und mit dem Öl, der Butter und der Chilischote in einen großen Topf geben. Abschmecken und zugedeckt 10–12 Minuten bei schwacher Hitze köcheln lassen. Petersilie hinzufügen, evtl. über die Polenta (Seite 145) gießen und servieren.

Salsa di pomodoro ~ TOMATENSAUCE

Bei dieser Sauce ist das Gleichgewicht der Aromen – Zwiebel, Knoblauch und Sellerie – besonders interessant. Der Sellerie sorgt zusätzlich für eine ungewöhnliche Konsistenz, die das Sämige der Polenta wunderbar ergänzt.

Für 4 Personen

- 1 kleine Zwiebel, geschält und klein gehackt
- 2 EL Olivenöl
- 1 Knoblauchzehe, geschält und gepresst
- 1 Stange Staudensellerie, klein gehackt
- 2–3 Lorbeerblätter
- 1 Bund frische, fein gehackte, glatte Petersilie
- 16 reife Eiertomaten, gewürfelt
- Meersalz und frisch gemahlener schwarzer Pfeffer
- 1 Hand voll zerpflückte Basilikumblätter

1 Die Zwiebel im Olivenöl glasig dünsten. Knoblauch, Sellerie, Lorbeer und Petersilie hinzufügen, gut verrühren und bei schwacher Hitze weich kochen. Das dauert ca. 20 Minuten.

2 Die Tomaten zugeben und großzügig mit Salz und Pfeffer würzen. Den Topf abdecken und etwa 20 Minuten eindicken lassen.

3 Abschmecken und mit Basilikum bestreuen.

Finocchio ～ FENCHEL

Wilder Fenchel stammt vermutlich aus Südeuropa, allerdings genossen ihn im Altertum auch Chinesen und Inder. Er schmeckte wahrscheinlich sehr bitter im Gegensatz zum süßen Gemüsefenchel, wie wir ihn heute kennen. Vom Gewürzfenchel, der bis zu 1,80 m hoch werden kann und ab Juni sogar entlang italienischer Straßen wächst, werden die Samen genutzt. Die hellgelb blühende Pflanze hat gerade Stängel mit feinen fiederschnittigen Blättern, die wie zarte Spitze aussehen. Die Samen – dem Kümmel ähnlich - sind halbmondförmig, gestreift und ab Herbst erhältlich. Sie sind es, die der berühmten toskanischen Salami, »finocchiona« (einer frischen Wurst, die eine der Spezialitäten meiner Großmutter war), Gebäck und Brotteigen ihren besonderen Geschmack verleihen. Der Duft der Fenchelfrüchte und des Krautes ist einzigartig – ein Hauch von Anis und Lakritz, eine zugleich aromatische und würzige Mischung.

Der Florentiner- (»Dolce di Firenze«) oder Knollenfenchel ist sowohl mit dem wilden wie dem süßen Fenchel verwandt und wurde im 17. Jahrhundert in Italien eingeführt. Die zwiebelartige Verdickung behält unter der Erde ihre weiße Farbe. Gemüsefenchel ist eine Langtagspflanze, was bedeutet, dass die langen Sommertage unerwünschtes »Schossen« oder »In-die-Blüte-schießen« auslösen. Deshalb baut man zunehmend Fenchel (auch im Mittelmeerraum) als Herbst- und Winterkultur an (ab Oktober). In Italien isst man den Knollenfenchel roh in Salaten, in *pinzimonio* oder *bagna cauda,* überbacken oder frittiert in einem *fritto misto.*

Bucatini alle sarde e finocchio ∼

NUDELN MIT SARDINEN UND FENCHEL

Bucatini sind dicke, hohle Spaghetti und ähneln langen Makkaroni. Meiner Meinung nach passen sie zu dieser Sauce am besten, da diese sehr sämig ist und gut an den Nudeln klebt, zudem entsteht durch den Hohlraum eine interessante Konsistenz. Die Aromen sind wundervoll, die Sardinen passen vorzüglich zu Fenchel.

Für 6 Personen

SAUCE:

- 1 Zwiebel, geschält und klein gehackt
- 2 Knoblauchzehen, geschält und gepresst
- 3 EL Olivenöl
- 1 großzügige Hand voll wildes Fenchelkraut, blanchiert, abgetropft und fein gehackt
- 200 g Tomatensauce (siehe Seite 147)
- 2 EL Korinthen
- 100 g Pinienkerne
- Meersalz
- 1 TL getrocknete Chili (peperoncino)
- 500 g frische Sardinen, gewaschen und filetiert

GARNITUR:

- 100 g frische Semmelbrösel
- 2 EL Olivenöl
- 2 EL Tomatensauce (siehe Seite 147)
- 1 Knoblauchzehe, geschält und gepresst
- 1 Msp. getrocknete Chili (peperoncino)
- 1 Bund frisch gehackte, glatte Petersilie
- 400 g Bucatini-Nudeln

1 Für die Sauce: Zwiebel und Knoblauch im Olivenöl andünsten. Fenchelkraut, Tomatensauce, Korinthen, Pinienkerne, etwas Salz und Chili hinzufügen. Eine halbe Stunde köcheln lassen.

2 Die Sardinenfilets zufügen und 12 Minuten mitkochen lassen; sie werden während des Kochens zerfallen.

3 Für die Garnitur: Semmelbrösel in der Pfanne anrösten und Olivenöl, Tomatensauce, Knoblauch, etwas Salz und Chili hinzufügen, dabei ständig rühren, damit die Semmelbrösel nicht anbrennen, sondern goldbraun und knusprig werden. Mit Petersilie bestreut in einer Schüssel servieren.

4 Die Nudeln in sprudelnd kochendem Salzwasser *al dente* kochen. Abtropfen lassen und etwas von dem Kochwasser auffangen. Die Hälfte der Sauce in den Topf geben, die Pasta zugeben und gut vermischen. In einer Schüssel mit der restlichen Sauce und gegebenenfalls mit etwas Kochwasser übergossen anrichten. Mit der Semmelbröselmischung bestreut sofort servieren.

Raviolini al finocchio con salsa di zafferano ～

FENCHELRAVIOLI MIT GEBRATENEM GEMÜSE UND SAFRANSAUCE

Dieses weißrotgelbe Gericht sieht sehr fröhlich aus und hat schon einige Tischgesellschaften erheitert. Die Safransauce passt auch hervorragend zu anderen Gemüse- und Nudelgerichten und ist daher eine gute Ergänzung für ihr Repertoire. Dieses Gericht ist etwas für wahre Fenchelliebhaber, denn Fenchel ist sowohl in den Nudeln als auch in der Sauce.

Für 6 Personen

PASTA:
120 g Weizenmehl
120 g Maismehl
　2 große Eier
　2 TL fein gemahlenes Meersalz
　1 EL extra natives Olivenöl

FÜLLUNG:
　1 kleine Fenchelknolle, fein gehackt
200 g Ricotta
　15 g frische, fein gehackte Basilikumblätter
　50 g frisch geriebener Parmesankäse

GEBRATENES GEMÜSE UND SAFRANSAUCE:
　2 Fenchelknollen, gesäubert, äußere Hüllblätter entfernt, in Scheiben geschnitten
　4 kleine rote Zwiebeln, geschält und in kleine Stücke geschnitten
Meersalz und frisch gemahlener schwarzer Pfeffer
　5 EL extra natives Olivenöl
　1 Knoblauchzehe, geschält und fein gehackt
　2 Schalotten, geschält und fein gehackt
　1 gute Msp. Safranfäden
250 ml trockener Weißwein
350 g Mascarpone
frisches Basilikum, glatte Petersilie und Parmesankäse zum Servieren

1　Für die Pasta: alle Fenster öffnen, um die Küche auszukühlen und die Hände unter kaltes, fließendes Wasser halten! Das Mehl auf die saubere Arbeitsplatte sieben und in der Mitte eine Mulde formen. Eier, Salz und Olivenöl hineingeben. Die Eier mithilfe einer Gabel leicht verschlagen und dabei immer mehr Mehl vom Rand untermischen, bis ein grober Teig entsteht.

2　Den Teig mit den Händen 8–10 Minuten auf der Arbeitsfläche weich und geschmeidig kneten und gegebenenfalls noch etwas Mehl hinzufügen. Den Teig zu einer Kugel formen, in Küchenfolie wickeln und 20 Minuten kalt stellen.

3　In der Zwischenzeit den Ofen auf 190 °C/Gasherd Stufe 3–4 vorheizen und die Füllung vorbereiten. Den klein gehackten Fenchel in einem Topf über kochendem Wasser ca. 5 Minuten lang dämpfen. Kurz abkühlen lassen und anschließend mit dem Ricotta, dem frischen Basilikum und dem Parmesankäse verrühren. Abschmecken.

4　Den Teig aus dem Kühlschrank holen – er sollte inzwischen geschmeidig und marmoriert sein. Ein Achtel des Teiges abschneiden und den Rest wieder in Küchenfolie gewickelt in den Kühlschrank legen. Den Teig auf einer leicht bemehlten Arbeitsfläche zu einem Rechteck von etwa 20 × 7 cm ausrollen.

5 Die Nudelmaschine auf den größt möglichen Abstand einstellen und die Rollen mit etwas Maismehl bestäuben, damit der Teig nicht daran haftet. Den Teig durch die Maschine ziehen. Mit der nächst kleineren Einstellung wiederholen und den Teig zweimal hindurchziehen. Solange wiederholen, bis die zweitdünnste Einstellung erreicht ist (viele Kochexperten wählen nie den kleinsten Abstand, da der Teig dann zu häufig reißt). Die Teigstreifen auf die Arbeitsfläche legen und 8–10 Minuten ruhen lassen. Den restlichen Teig in jeweils gleichgroßen Stücken ebenso verarbeiten.

6 Mit einem geriffelten Teigschneider (7,5 cm Durchmesser) etwa 54 Teigkreise ausschneiden und mit einem Löffel in die Mitte jedes Teigkreises etwas von der Füllung geben. Die Ränder der Teigkreise mit etwas Wasser bepinseln, die Teigkreise zusammenklappen und die Außenseiten zusammendrücken.

7 Die fertigen Ravioli auf einem Kuchenrost mindestens eine Viertelstunde lang trocknen lassen (sollten Sie die Teigwaren nicht sofort benötigen, können Sie sie in diesem Stadium auch einfrieren - sie sind dann etwa 3 Monate haltbar). Den restlichen Teig in kleine Stücke schneiden und mit den Ravioli trocknen, um ihn als Suppeneinlage zu verwenden.

8 Für die Sauce: Fenchel und Zwiebeln in eine große Backform geben und mit 4 EL Olivenöl beträufeln. Mit Salz und Pfeffer würzen und 25 Minuten lang rösten; gerade solange, dass das Gemüse nicht anbrennt.

9 In der Zwischenzeit das restliche Olivenöl in einer Pfanne erhitzen und den Knoblauch mit den Schalotten darin 5 Minuten auf kleiner Stufe weich dünsten. Safran und Wein zugeben, aufkochen lassen und solange einkochen lassen, bis das Volumen um die Hälfte reduziert ist.

10 Den Mascarpone zugeben und solange unterrühren, bis eine glatte Sauce entsteht. Gleichmäßig weiterrühren und bei geringer Hitze 5 Minuten köcheln lassen. Je länger die Sauce kocht, desto gelber wird sie, da sich der Safran erst nach und nach darin auflöst.

11 In einem großen Topf leicht gesalzenes Wasser zum Kochen bringen und die Ravioli hineingeben. 3–4 Minuten im Wasser kochen (tiefgefrorene Teigwaren brauchen 5–6 Minuten). Abtropfen lassen, mit dem gerösteten Gemüse und der Safransauce vermischen und mit frisch geriebenem Parmesankäse und frischen Kräutern bestreut servieren.

Finocchi al formaggio ~ Mit Käse überbackener Fenchel

Als ich dieses Gericht kürzlich mit Schülern eines Kochkurses zubereitet habe, war man über meine Zubereitungsweise etwas erstaunt, denn alles wird scheinbar schnell und ohne großen Aufwand in den Ofen geschoben. Das Ergebnis konnte sie jedoch überzeugen.

Für 6 Personen
6 Florentiner Fenchelknollen
50 g Butter
120 g frisch geriebener Fontinakäse
frisch geriebene Muskatnuss
50 ml Milch
Meersalz und frisch gemahlener
schwarzer Pfeffer

1 Den Ofen auf 220 °C/Gasherd Stufe 4–5 vorheizen.

2 Fenchel waschen, säubern und die äußeren Hüllblätter entfernen.

3 Den Fenchel in kleine Stücke schneiden und in etwas kochendem Salzwasser gerade solange kochen, bis er nicht mehr ganz hart ist. Abtropfen lassen und in eine mit Butter ausgepinselte Backform geben.

4 Den Fenchel mit Salz und Pfeffer würzen. Mit dem geriebenen Käse bedecken, Muskatnuss darüber streuen und die Milch darüber gießen.

5 Die restliche Butter in Form von Flocken aufsetzen und im vorgeheizten Ofen 10 Minuten backen. Warm servieren.

Pasta della famiglia Ferrigno ~ PASTA FERRIGNO

Dieses Gericht wurde von meiner Familie kreiert. Mein Vater züchtet Radicchio (ein Lebensaufgabe), meine Schwester liebt Käse, mein Beitrag ist der von mir so geschätzte Fenchel, und alle zusammen können wir von Nudeln nie genug bekommen. *Stracchino* ist ein Kuhmilchfrischkäse mit formfestem Teig aus der Lombardei. Stracchi bedeutet »müde«, damit sind die Kühe gemeint, die nach einem langen Sommer auf den Weiden im Herbst müde sind.

FÜR 6 PERSONEN
2 EL Olivenöl
1 mittelgroße Zwiebel, geschält und fein gehackt
1 kleine Florentiner Fenchelknolle, fein gehackt
1 Knoblauchzehe, geschält und fein gehackt
300 g roter Radicchio, fein gehackt
2 frische Rosmarinzweige, die Blätter fein gehackt
Meersalz und frisch gemahlener schwarzer Pfeffer
150 ml trockener Rotwein
300 g mezze penne-Nudeln
300 g Stracchinokäse

1 In einem mittelgroßen Kochtopf das Olivenöl erhitzen und die Zwiebel darin glasig dünsten. Fenchel, Knoblauch, Radicchio und Rosmarin hinzugeben und mit Salz und Pfeffer abschmecken.

2 Solange dünsten, bis der Fenchel weich ist und der Raddichio seine Farbe verändert hat. Den Wein zugießen und bei mittlerer Hitze einkochen.

3 In der Zwischenzeit die Nudeln in reichlich Salzwasser *al dente* kochen.

4 Den Käse als Ganzes in die Sauce geben und unterrühren – er schmilzt und wird sämig. Mit Salz und Pfeffer abschmecken.

5 Die Nudeln abtropfen lassen, mit der Sauce vermischen und sofort servieren.

Cotolette di finocchi ~ GEBRATENER FENCHEL

Im Piemont werden Gemüse wie Fenchel, Artischocken, Sellerie und weiße Mangoldstängel häufig in einem Mantel aus Eiern und Semmelbröseln in Butter gebraten. Mir schmeckt der Fenchel am besten.

Für 6 Personen
6 Florentiner Fenchelknollen
2 große Eier
Meersalz und frisch gemahlener
    schwarzer Pfeffer
220 g Semmelbrösel
80 g Butter
frisch geriebener Parmesankäse
    (wahlweise)

1 Die Fenchelknollen säubern, die äußeren Hüllblätter entfernen und die Knollen in keilförmige Stücke schneiden. 10 Minuten lang in Wasser kochen, abtropfen lassen und trocken tupfen.

2 Die Eier mit etwas Salz und Pfeffer verquirlen.

3 Die Fenchelstücke erst in die Eiermasse tauchen, dann in Semmelbröseln wälzen und die Brösel etwas andrücken.

4 In einer großen Pfanne die Butter zerlassen und den Fenchel darin braten, bis die Semmelbrösel rundherum goldbraun sind. Auf Küchenpapier trocknen und je nach Geschmack mit Parmesankäse bestreut servieren.

CITTÀ DELLE PRIMIZIE

VITTORIA

RIUTILIZZO VIETATO

SICILIA

CAT. II
CAL.: 6.6.
REG. OPERATORI
N.
CENTRO DI CONF.
N.

BIAGIO 0337/880329·GIOVANNI 0337/9

ZONA DI PROB
SICILIA (ITALY)

Cocchial

MAG.0933·912019·FAX 921763·GELA (C

TARA Gr.700±15%

POMODORO A GRAPPOLO   CAT

Zona di produzione SICILIA (ITALY)

ITALIA

a gricola Cocco

Via Brodolini 2 - Loc. 1
50063 FIGLINE VALDA

Torta alla mela e rosmarino ~ Apfelkuchen mit Rosmarin

Apfel mit Rosmarin ist eine köstliche Kombination. Ich habe diesen Kuchen zum ersten Mal in Venedig probiert, und das Rosmarinaroma ist mir unvergesslich. Der Kuchen ist wunderbar feucht und schmeckt am besten ganz frisch. Wenn Sie das Aroma mögen, sollten Sie auch einmal eine Pastete mit Äpfeln und Rosmarin probieren, oder Apfelmus mit Rosmarin würzen.

Für 8–12 Personen

110 g Butter, und etwas Butter zum Einfetten der Form
350 g Braeburn oder Cox Orange Äpfel (etwa 3 Äpfel)
Saft einer halben Zitrone
4 große Eier
150 g Zucker
150 g Weizenmehl
1 TL Backpulver
1 Msp. Salz
1 TL frische, fein gehackte Rosmarinnadeln
fein abgeriebene Schale einer unbehandelten Zitrone
Puderzucker zum Bestäuben

~ Rosmarino

Rosmarin gehört zu den weit verbreitetsten Wildkräutern des Mittelmeerraums und besitzt ein intensives Aroma. Es gedeiht sogar in nördlichen Gefilden und wurde wie so viele andere Kräuter des Mittelmeerraums bereits von den Römern eingeführt. Es schmeckt hervorragend zu Lamm, und viele Metzger geben ihren Kunden beim Kauf des Fleisches gleich einen Rosmarinzweig mit. Rosmarin schmeckt auch gut zu Fisch und in Süßspeisen. Rosmarinzweige werden auch benutzt, um vor dem Grillen Fleisch oder Fisch mit Öl zu bepinseln.

1 Den Ofen auf 180 °C/Gasherd Stufe 3 vorheizen. Eine runde Kuchenform von 23 cm Durchmesser einfetten.

2 Die Butter schmelzen und dann wieder abkühlen lassen. Inzwischen die Äpfel schälen, die Gehäuse entfernen und die Früchte in dünne Scheiben schneiden. Zitronensaft darüber träufeln, damit sie nicht braun werden.

3 Eier und Zucker in ein hitzebeständiges Gefäß geben und über einen Topf mit kochendem Wasser stellen. Das Gefäß darf das Wasser nicht berühren (oder eine Bain-Marie verwenden). 10–15 Minuten schlagen, bis die Eiermischung eine hellgelbe Farbe bekommt, eindickt und der Schneebesen eine Spur hinterlässt, wenn man ihn herausnimmt. Das Gefäß vom Herd nehmen und weiter rühren, während die Mischung abkühlt.

4 Mehl, Backpulver und Salz miteinander vermischen. Die Hälfte des Mehls und den Rosmarin nach und nach in die Eiermischung einrühren.

5 Langsam die geschmolzene Butter vom Rand her auf die Mischung gießen und unterheben. Vorsichtig rühren, damit der Teig locker bleibt. Das restliche Mehl und die Zitronenschale zugeben und zuletzt die Äpfel unterrühren.

6 Die Teigmischung in die vorbereitete Kuchenform gießen. Im vorgeheizten Backofen auf der mittleren Schiene 40 Minuten lang backen. Mit einem Holzstäbchen die Garprobe machen, es sollte kein Teig mehr daran haften. Aus dem Ofen nehmen und auf einem Kuchenrost abkühlen lassen. Kurz vor dem Servieren mit Puderzucker bestäuben.

⌁ Figo

*Feigen waren schon im Altertum bekannt. Vermutlich aus
Kleinasien stammend, sind sie vor so langer Zeit im Mittel-
meerraum eingeführt worden, dass sie dort inzwischen wild
wachsen. Sie gehören zur gleichen Familie wie Maulbeeren
und Brotfrüchte, und es gibt viele verschiedene wilde Arten.
Sie gedeihen am besten dort, wo auch Mandeln, Oliven und
Orangen reifen, aber sie wachsen auch bei uns im Norden.
Aus der Wildfeige haben sich zwei Arten entwickelt: die
Haus- oder Essfeige (mit weiblichen Blüten) und die Holz-
oder Caprifeige (mit männlichen und weiblichen Blüten).
Inzwischen gibt es jedoch Züchtungen, deren Fruchtstände
parthenokarp, d. h. ohne Bestäubung, heranreifen. Die
verschiedenen Arten unterscheiden sich in Farbe und
Größe, allen gemeinsam ist jedoch, dass sie reif sind, wenn
die Frucht weich ist .*

Fichi di Palermo con cioccolata ⌁

PALERMOFEIGEN MIT SCHOKOLADE

Mein Freund Claudio nennt diese *fichi* »Feigenbomben«! Ich habe sie zum ersten Mal für ein »Slow
Food Event« zubereitet, eine Veranstaltung, die helfen soll, die Kochkünste und Traditionen Italiens
zu bewahren. Ich habe sie nach einem Zehngangmenü versuchsweise angeboten, in der Annahme,
niemand könne sie mehr bewältigen. Nichtsdestotrotz waren sie im Nu verschwunden!

Für 9 Personen (2 pro Person)
  18 frische Feigen
  18 gehäutete, geröstete Mandeln
  18 Streifen kandierte Orangenschale
  18 Stücke einer hochwertigen Scho-
    kolade
  200 g geraspelte, hochwertige Scho-
    kolade

1 Den Ofen auf 180 °C/Gasherd Stufe 3 vorheizen. Jede
Feige der Länge nach einschneiden und mit einer gerösteten
Mandel, einem Streifen kandierter Orangenschale und
einem Stück Schokolade füllen.

2 Die Feigen in eine Backform setzen und im vorgeheizten
Ofen 10–15 Minuten backen.

3 Die warmen Feigen sofort in der geraspelten Schokolade
wälzen, auf einem Kuchenrost abkühlen lassen und genießen.

Fichi farciti ∼ GEFÜLLTE FEIGEN

Durch die Erinnerung daran, wie ich als Kind in Italien frische Feigen direkt vom Baum in den Mund gesteckt habe, hat diese Frucht für mich einen besonderen Zauber. Ich rannte nach Hause, die Hände voller Feigen, und stolperte dabei über jene, die schon zerquetscht auf der Straße lagen. Es gibt so viele wundervolle Feigengerichte, doch dies ist mein Lieblingsrezept.

Für 6 Personen
  12 reife frische Feigen
  50 g Walnüsse (Baumnüsse), wenn möglich frisch geschält und klein gehackt
  3 EL Honig
  3 EL Vermouth
120 g Mascarpone
120 g dunkle Schokolade mit 70 % Kakaoanteil

1 Den Ofen auf 200 °C/Gasherd Stufe 4 vorheizen.

2 Die Unterseite der Feigen gerade schneiden, damit die Feigen aufrecht stehen können.

3 Die Feigen oben etwa 2,5 cm tief kreuzweise einschneiden und von unten etwas aufdrücken.

4 In einer Schüssel Walnüsse, Honig, Vermouth und Mascarpone vermischen. Mit einem Löffel in jede Feige etwas von dieser Füllung hineingeben. Im vorgeheizten Ofen 10–15 Minuten backen.

5 In der Zwischenzeit die Schokolade im Wasserbad schmelzen.

6 Zum Servieren zwei Feigen auf jeden Teller setzen und mit der geschmolzenen Schokolade übergießen.

Noci ~ Nüsse

Nüsse sind die Früchte sehr unterschiedlicher Bäume, die teilweise in gemäßigten, teilweise in tropischen Klimazonen wachsen. Die meisten Nüsse haben eine harte, geschlossene Schale. Einige Nüsse sind eigentlich Samen – zum Beispiel Cashewnüsse, die an einem fleischigen Fruchtstiel, dem Cashewapfel oder der Cashewbirne wachsen – andere, wie die Erdnüsse, zählen zu den Gemüsearten (wie Bohnen und Erbsen gehören sie zu den Hülsenfrüchten). Nüsse sind eine konzentrierte Energiequelle, da sie viele Proteine, Kohlenhydrate und Fette enthalten, und auch wenn man sie gerne als Knabberei zwischendurch isst, sollte man sich der hohen Kalorienzahl bewusst sein. Trotz des harten Äußeren werden Nüsse häufig schnell ranzig und sollten nicht monatelang gelagert werden. Man sollte Nüsse stets mit Schale in kleineren Mengen kaufen, kühl lagern und innerhalb weniger Wochen aufbrauchen. Vermeiden Sie feuchte und schimmelige Schalen, die Nüsse könnten Giftstoffe enthalten. Nüsse sollten sich ihrer Größe entsprechend schwer anfühlen, denn sonst ist die Nuss selbst vielleicht schon vertrocknet und verschrumpelt. Vorsicht bei geschälten Nüssen; verwahren Sie die Packungen im Kühlschrank und verbrauchen Sie die Nüsse rasch.

Die meisten Nüsse kann man in der Schale oder geschält bekommen, manche auch bereits weiterverarbeitet, blanchiert, gehackt oder gemahlen (z. B. Mandeln). Einige Nüsse wie die Esskastanie werden angebaut, um daraus Mehl zu machen; in Norditalien waren Kastanien einst Massenware, weil man daraus Polenta herstellte.

Zum Kochen und Backen empfehle ich, Nüsse in der Schale zu kaufen und sie zu Hause zu knacken. Dies beansprucht vielleicht etwas mehr Zeit, doch der unvergleichlich bessere Geschmack lohnt die Mühe. Gute Nüsse schmecken süß, sind fest und prall. Schlechte Nüsse schmecken unangenehm ranzig und sehen schrumpelig aus.

Viele Nussarten werden zur Ölgewinnung angebaut – darunter Walnüsse, Haselnüsse, Erdnüsse und Mandeln. In Italien nutzt man viele Nussarten auch, um daraus Likör herzustellen, und vor allem im Süden Italiens verwendet man Nüsse in den Speisen als Proteinersatz. Zudem verarbeitet man Nüsse in Salaten, Saucen, Keksen, Kuchen, Süßspeisen und Eis.

Insalata di pecorino e noci ∼ Salat mit Käse und Walnüssen

Dieser schlichte Salat ist ein gutes Beispiel dafür, wie wundervoll etwas schmeckt, das aus wenigen guten, frischen Zutaten hergestellt wird – Fenchel, Walnüssen und Öl. Es lohnt sich in den Käsegeschäften vor Ort nach einem gut gereiften Pecorinokäse Ausschau zu halten – er lässt sich durch nichts ersetzen.

Für 4 Personen
400 g reifer Pecorinokäse
  2 Florentiner Fenchelknollen
  1 Bund frische Rucolablätter
12 ganze, frisch geschälte Walnüsse
  3 EL toskanisches extra natives
    Olivenöl
Meersalz und frisch gemahlener
    schwarzen Pfeffer

1 Fenchel säubern, äußere Hüllblätter entfernen.

2 Käse und Fenchel in dünne Scheiben schneiden.

3 Die Rucolablätter um den Rand einer Servierplatte herum arrangieren. Käse und Fenchel in die Mitte geben und die Walnüsse darüber streuen. Mit Öl beträufeln, mit Salz und Pfeffer bestreuen und servieren.

Pere con gorgonzola ∼ Birnen mit Walnüssen und Gorgonzola

Meine Freundin Michaela hat mich zu diesem Gericht inspiriert, als ich im Herbst in ihrem Haus in Florenz einen Kochkurs abgehalten habe. Mit Walnüssen und Birnen frisch aus dem Garten und sogar hausgemachtem Honig entstand eine unvergleichliche Geschmackskomposition.

Für 4 Personen
50 g frisch geschälte Walnüsse
4 Birnen, geschält und in schmale
    Schnitze geschnitten
120 g Gorgonzola, dolce
    (milder Gorgonzola)
aromatischer Honig zum Beträufeln

1 Den Ofen auf 200 °C/Gasherd Stufe 4 vorheizen.

2 Die Walnüsse auf einem Backblech 6–7 Minuten goldbraun rösten.

3 Die Birnenschnitze auf den einzelnen Tellern verteilen, Gorgonzola darüber zerkrümeln und mit den gerösteten Walnüssen garnieren. Etwas Honig darüber träufeln und sofort servieren.

Sugo di noci ~ WALNUSS-SAUCE

Im Garten meiner Schwester in England stehen zwei wundervolle Walnussbäume, die riesige Mengen Nüsse tragen. Eines Tages sah ich, wie sie auf allen Vieren Nüsse einsammelte und sich verzweifelt fragte, was sie wohl damit anfangen könnte. Ich erinnerte mich an dieses Rezept – eine Art winterliches *pesto* – das ich erst kürzlich von einer Reise mitgebracht hatte, und so verbrachten wir den Nachmittag damit, Nüsse zu knacken und die Sauce herzustellen. Wir erhielten solche Mengen, dass wir sie noch als Weihnachtsgeschenke verwenden konnten! Die Sauce schmeckt köstlich zu Kartoffelgnocchi (siehe Seite 34).

Für 6 Personen

175 g geschälte Walnüsse (frisch aus der Schale oder vakuumversiegelt, da diese meist süßer sind)
1 Knoblauchzehe
1 Hand voll frische, zerpflückte Basilikumblätter
50 g frisch geriebener Pecorino Romano-Käse
50 g frisch geriebener Parmesankäse
40 g Butter
4 EL extra natives Olivenöl
Meersalz und frisch gemahlener schwarzer Pfeffer
85 ml Crème double

1 Die Walnüsse und den Knoblauch in einer Küchenmaschine fein mahlen.

2 Basilikum, Käse, Butter und Öl hinzugeben und in der Küchenmaschine weiter vermischen.

3 Die Mischung in eine Schüssel geben und mit Salz und Pfeffer abschmecken. Die Crème unterrühren.

4 Die Sauce bis zum Gebrauch im Kühlschrank aufbewahren, sie hält sich etwa eine Woche. Vor dem Servieren mit etwas Nudel- oder Gnocchiwasser glatt rühren.

Biscotti ~ Zitronen-Walnusskekse

Es ist immer gut, in einer Blechdose in der Küche Biscotti zu haben. Sie halten sich eine Weile, eignen sich hervorragend, um sie in *Vino santo* (dem »heiligen« Wein aus der Toskana) zu tunken und sind in Klarsichtfolie verpackt wunderbare Geschenke. Für das besondere Aroma dieser *biscotti* ist gute Butter wichtig.

48 Kekse
 40 g Butter und etwas Butter zum Einfetten
100 g brauner Zucker
  2 große Eier
1–2 TL Vanilleextrakt
frisch abgeriebene Schale und Saft von 2 Zitronen
230 g Weizenmehl
$\frac{1}{2}$ TL Backpulver
100 g grob gehackte Walnüsse

1 Den Ofen auf 200 °C/Gasherd Stufe 4 vorheizen und ein Backblech einfetten.

2 Butter, Zucker und Eier schaumig schlagen. Vanilleextrakt, Zitronenschale und Zitronensaft hinzufügen.

3 Mehl mit Backpulver und Walnüssen vermischen und alles gut mit der Eiermasse verrühren.

4 Der Teig ist zwar fest und klebrig, doch mit bemehlten Händen lässt er sich auf dem Backblech in zwei gleichgroße Hälften teilen. Die Hälften zu zwei platten Laiben formen (etwa 30 cm lang und 5 cm breit) und diese mindestens 8 cm voneinander entfernt auf das Backblech legen. Etwas flach drücken. Im vorgeheizten Ofen 20 Minuten backen, bis der Teig fest und hellbraun ist.

5 Aus dem Ofen nehmen, das Backblech auf einen Kuchenrost stellen und etwa abkühlen lassen. Die Ofentemperatur auf 150 °C/Gasherd Stufe 2 reduzieren.

6 Die noch warmen Teiglaibe diagonal in 1 cm breite Scheiben schneiden. Diese mit der Schnittseite nach unten auf das Backblech legen und mindestens weitere 15 Minuten backen, bis sie trocken sind. Die Kekse auf dem Kuchenrost auskühlen lassen.

Torta di carote ~ KAROTTENMANDELKUCHEN

Karotten spielen in der italienischen Küche zwar keine große Rolle, doch dieser Kuchen ist vermutlich aufgrund der Nüsse in ganz Italien sehr beliebt. Diese Rezeptvariante habe ich von meiner Freundin Luisa aus Barletta. Ich habe zwar bis jetzt mindestens ein Dutzend verschiedene Karottenkuchenrezepte zusammengetragen, doch dieses ist immer wieder ein Erfolg.

Für 8 Personen
Butter zum Einfetten
Weizenmehl zum Bestäuben
    5 große Eier, getrennt
250 g brauner Zucker
250 g gemahlene Mandeln
250 g geriebene Karotten
    1 EL Amaretto
$^1/_2$ TL Backpulver
    2 TL Vanilleextrakt
Vanillepuderzucker

1 Den Ofen auf 180 °C/Gasherd Stufe 3 vorheizen, eine runde Springform von 25 cm Durchmesser mit Butter ausfetten und mit Mehl bestäuben.

2 Eigelbe, Zucker, Mandeln, Karotten, Amaretto, Backpulver und Vanilleextrakt miteinander verrühren.

3 Das Eiweiß sehr steif schlagen und unter die Karottenmischung heben.

4 Den Teig in die vorbereitete Kuchenform füllen. 45 Minuten im vorgeheizten Ofen backen und mit einem Holzstäbchen eine Garprobe machen. Es sollte kein Teig daran haften bleiben.

5 Auf einem Kuchenrost auskühlen lassen. Mit Vanillepuderzucker bestäuben.

Ricciarelli di Siena ~ Mandelplätzchen aus Siena

Es lohnt sich wirklich, die Nüsse in einem Mörser zu zerstoßen, da so die ätherischen Öle der Nüsse langsam frei gesetzt werden und für ein natürlicheres Aroma sorgen. Auch die Ruhezeit des Teiges ist wichtig, damit sich die Aromen voll entfalten können. Ich mache den Teig meist direkt nach dem Frühstück, dann sind die Plätzchen nach dem Mittagessen fertig und können am Nachmittag zu einer Tasse Espresso genossen werden. Sie eignen sich auch hervorragend als Geschenk.

Ergibt etwa 30 Plätzchen
230 g geschälte Mandeln
 60 g Pinienkerne
120 g Zucker
 60 g Puderzucker und zusätzlich etwas Puderzucker zum Bestäuben
  2 TL abgeriebene Schale einer unbehandelten Orange
  3 Eiweiß von großen Eiern, sehr steif geschlagen

1 Die Mandeln und Pinienkerne in einem Mörser zerstoßen.

2 In einer großen Schüssel die Nüsse mit Zucker, Puderzucker und Orangenschale gut vermischen. Zuletzt den Eischnee unterheben.

3 Mit zwei Teelöffeln die Plätzchen auf ein mit Backpapier ausgelegtes Backblech setzen und 6 Stunden lang ruhen lassen.

4 Den Ofen auf 180 °C/Gasherd Stufe 3 vorheizen. Im vorgeheizten Ofen eine Viertelstunde lang backen, bis sie goldbraun sind.

5 Auf einem Kuchenrost auskühlen lassen. Bei Zimmertemperatur mit Puderzucker bestäubt servieren.

Strazzate ~ SCHOKOLADEN-MANDELPLÄTZCHEN

Dieses Rezept stammt von der Adriaküste Italiens, aus der Basilicata. Von der dortigen Küche ist wenig bekannt, nur dass man dort Nüsse liebt. Für diese Plätzchen gibt es ein traditionelles Rezept, doch jede Familie backt ihre eigene Variation.

Ergibt etwa 30 Plätzchen

200 g Mandeln, geschält, geröstet
    und grob gehackt
200 g Weizenmehl
100 g Zucker
 50 g Kakaopulver
 50 g hochwertige, geraspelte
    Schokolade
  4 EL Stregalikör

1 Den Ofen auf 200 °C/Gasherd Stufe 4 vorheizen.

2 Sämtliche Zutaten bis auf den Likör in einer Schüssel miteinander vermischen. Den Likör zugeben und alles zu einem festen Teig verkneten. Gegebenenfalls noch etwas Mehl hinzufügen, damit der Teig fest wird, oder wenn er zu fest ist, nach und nach noch etwas Wasser hinzugeben.

3 Mit den Fingern kleine mandelgroße Teigstückchen abtrennen, diese zu 2,5 cm großen Vierecken flach drücken und auf ein gefettetes Backblech setzen.

4 Im vorgeheizten Ofen 10–15 Minuten backen. Die Plätzchen sollten bissfest und elastisch, jedoch nicht braun sein. Erst abgekühlt servieren.

Lenticchie alla montanara ~ Linsen mit Kastanien

Linsen sind vielseitig und sehr gesund. Meiner Ansicht nach schmecken die Linsen aus Castelluccio am besten, doch nachdem ich in Umbrien der mühseligen Ernte dieser »Sommersprossen«, wie die Italiener sie nennen, zugeschaut habe, bin ich im Zweifel. Kastanien sollten vor dem Rösten mit einem scharfen Messer eingeschnitten werden, damit sie nicht im Ofen explodieren. Rösten Sie sie im auf 180 °C/Gasherd Stufe 3 vorgeheizten Ofen etwa 25–35 Minuten –, noch warm schälen.

Für 8 Personen
    2 EL Olivenöl
    4 Knoblauchzehen, geschält
400 g Castelluccio-Linsen
    1 Hand voll frisch gehackte Thymian-
       blätter
    2 Lorbeerblätter
    1 Dose (150 g) italienische Eiertomaten
  25 geröstete Kastanien, grob gehackt
    1 Msp. getrocknete Chili (peperoncino)
    4 EL hochwertiges, Olivenöl
Meersalz und frisch gemahlener
       schwarzer Pfeffer
    1 Bund frische Petersilie zum Dekorieren

1 In einem Kochtopf das Olivenöl erhitzen, den Knoblauch dazupressen und die Linsen hineingeben. Umrühren, damit die Linsen Öl und Knoblauch aufnehmen. Thymian und Lorbeerblätter hinzugeben. Großzügig mit Wasser bedecken und im zugedeckten Topf bei mäßiger Hitze 20–30 Minuten köcheln lassen. Ab und zu kontrollieren, ob nicht alles Wasser verdunstet ist.

2 Tomaten, Kastanien und Chili hinzugeben und weitere 20 Minuten köcheln lassen. Mit Salz und Pfeffer abschmecken. Mit extra nativem Olivenöl beträufeln, mit Petersilie bestreuen und zur Pizza Bianca (siehe Seite 212) servieren.

Budino di castagne ～ MARONENPUDDING

Mein Vater hat Kastanienbäume und exportiert Kastanien nach Frankreich, damit dort daraus *marrons glacés* (kandierte Maronen) gemacht werden. Dabei hat er festgestellt, dass diese Bäume sehr genügsam sind, weder beschnitten noch bei der Befruchtung unterstützt werden müssen, also ohne menschliches Zutun gedeihen. Um festzustellen, ob Kastanien frisch sind, legt man sie in eine Schüssel mit Wasser. Taube Kastanien steigen an die Wasseroberfläche und können so leicht aussortiert werden.

Für 6 Personen
500 g frische Esskastanien
　1 TL Vanilleextrakt
　4 EL dunkler Rum
100 g brauner Zucker
250 ml Schlagsahne
Saft einer Orange

1 Die Schalen der Kastanien mit einem scharfen Messer einritzen und mit Wasser bedeckt 20–30 Minuten gar kochen. Die Kastanien von der Schale befreien, häuten und noch warm durch ein Sieb passieren.

2 Vanilleextrakt, Rum und Zucker hinzugeben, gut umrühren und kalt stellen.

3 Die Sahne steif schlagen und nach und nach den Orangensaft hinzugeben.

4 Schlagsahne und Kastanienmasse miteinander vermischen und im Kühlschrank kalt stellen.

5 Mit Schokoladensauce oder dunklem Schokoladeneis servieren.

Rocciate ∼ Plätzchen mit Früchten und Nüssen

Dieses Rezept vereint die schönsten Früchte und Nüsse des Herbstes und ist eine wahre Verführung. Die Plätzchen sind sehr gesund und zum Beispiel ein wunderbarer Energiespender auf einer langen Autofahrt. Auch Kindern gibt man damit etwas Gutes auf den Weg.

Ergibt etwa 12 Plätzchen
110 g getrocknete Pflaumen
 50 g Rosinen
 50 g getrocknete Feigen, entstielt und
    in schmale Streifen geschnitten
  2 Äpfel, entkernt und in Scheiben
    geschnitten
 50 g Haselnüsse, grob gehackt
 50 g geschälte Mandeln, grob gehackt
 50 g Walnüsse, grob gehackt
 50 g Pinienkerne
 50 ml Marsala
  5 EL Olivenöl
150 g Zucker
200 g Weizenmehl
  1 Msp. Salz
Puderzucker zum Bestäuben

1 Die getrockneten Pflaumen und Rosinen eine halbe Stunde in lauwarmen Wasser einweichen. Abtropfen lassen und die Pflaumen entkernen.

2 Früchte und Nüsse in einer Schüssel miteinander vermischen. Marsala, 1 Esslöffel Öl und 80 g Zucker hinzufügen.

3 Mehl und Salz miteinander vermischen und das verbleibende Öl, den restlichen Zucker und ausreichend Wasser hinzufügen. Den weichen Teig zu einer Kugel formen und abgedeckt eine halbe Stunde ruhen lassen.

4 Den Ofen auf 180 °C/Gasherd Stufe 3 vorheizen.

5 Den Teig in 12 gleichgroße Stücke teilen. Jedes Teil zu einem sehr dünnen Viereck ausrollen. Die Früchtemischung gleichmäßig auf die Vierecke verteilen und diese Vierecke zylinderförmig aufgerollt auf ein gefettetes Backblech legen.

6 Im vorgeheizten Ofen etwa eine halbe Stunde goldbraun backen und anschließend abkühlen lassen.

7 Vor dem Servieren mit Puderzucker bestreuen.

Torta di nocciole ～ HASELNUSSKUCHEN

Haselnüsse sind vermutlich die beliebtesten Nüsse Italiens. Sie werden für viele Plätzchen- und Kuchenrezepte verwandt und sind die Basis des Haselnusslikörs Frangelico (der in mönchsförmigen Flaschen abgefüllt wird), der alle entzückt, die ihn probieren. Dieses traditionelle Kuchenrezept stammt aus dem Piemont, vom Fuße der Berge. Ich stelle mir immer gerne vor, dass Haselnüsse den Bauern im Herbst und Winter etwas Energie spenden, denn gerade in dieser Jahreszeit, in der die Olivenernte direkt auf die Weinernte folgt, wird auf dem Lande unermüdlich gearbeitet.

Für 6 Personen
300 g Haselnüsse
200 g Weizenmehl und etwas Mehl zum Bestäuben
  2 TL Backpulver
  3 sehr große Eier
150 g brauner Zucker
100 g Butter, geschmolzen und auf Raumtemperatur abgekühlt und etwas Butter zum Einfetten
 50 ml frisch aufgebrühter italienischer Espresso
 50 ml Vollmilch
  2 EL heller Rum
  1 EL Olivenöl
  1 TL Vanilleextrakt
  8 zerstoßene Amarettini

1 Den Ofen auf 190 °C/Gasherd Stufe 3–4 vorheizen. Eine Springform von 23 cm Durchmesser mit Butter auspinseln und mit Mehl bestäuben.

2 Die Haselnüsse auf einem Backblech im vorgeheizten Backofen 10 Minuten lang goldbraun rösten. Vollständig abkühlen lassen und anschließend in einer Küchenmaschine fein mahlen.

2 Mehl und Backpulver miteinander vermischen.

3 In einer großen Schüssel mit einem elektrischen Handrührgerät Eier und Zucker eine Minute auf höchster Stufe schaumig schlagen. Die Geschwindigkeit des Handrührgeräts reduzieren und Butter, Kaffee, Milch, Rum Olivenöl und Vanilleextrakt unterrühren. Anschließend die Nüsse und Amarettini hinzugeben.

4 Das Mehl hinzufügen und vorsichtig unterrühren. Die Teigmischung in die vorbereitete Kuchenform füllen.

5 Im vorgeheizten Ofen auf mittlerer Schiene 40–45 Minuten backen. 10 Minuten in der Form abkühlen lassen und anschließend auf einem Kuchenrost vollständig auskühlen lassen.

Inverno
~ Winter

»Essen, nicht gute Worte,

brauche ich zum Leben.«

Jean-Baptiste P. Molière (1622–1673)

Cavolo nero con le fette ~ Geröstetes Brot mit Toskanischem

Schwarzkohl und Cannellinibohnen

Ich koche gerne nach Gefühl und Intuition. Man erzielt damit einen enormen Unterschied zum überall aufgetischten Einheitsgeschmack. Dieses Gericht habe ich kürzlich in meinem Kochkurs zubereitet, die Begeisterung hielt sich in Grenzen. Erst als das Gericht serviert wurde und ich noch ein paar Tropfen wirklich ausgezeichnetes Olivenöl darüber gab, erntete ich einige anerkennende Blicke und spürte wieder Vertrauen zu meinem Geschmacksempfinden. Mir sind diese Art Speisen am liebsten – nicht elegant, dafür ungekünstelt und einfach lecker!

Für 6 Personen
450 g Schwarzkohl
200 g getrocknete weiße Cannellini-
    bohnen, gekocht
  6 etwas trockene Scheiben Bauern-
    brot
  1 große Knoblauchzehe, geschält
extra natives Olivenöl zum Beträufeln
Meersalz und frisch gemahlener
    schwarzer Pfeffer

1 Den Schwarzkohl in 5 cm große Stücke schneiden.

2 Einen Liter Wasser mit etwas Salz in einem Topf zum Kochen bringen und den Kohl hineingeben. 10–15 Minuten köcheln lassen, bis der Kohl weich ist.

3 In einem kleinen mit etwas Wasser gefüllten Topf die Bohnen erwärmen. Den Ofen auf 200 °C/Gasherd Stufe 4 vorheizen.

4 Die Brotscheiben auf einem Backblech 3 Minuten rösten, danach wenden und weitere 3 Minuten rösten. Das noch warme Brot auf einer Seite mit der Knoblauchzehe einreiben.

5 Je ein Brot mit der Knoblauchseite nach oben auf die Teller legen. Den Kohl mit einem Schöpflöffel aus dem Topf heben und auf die Brotscheiben verteilen. Die abgetropften Bohnen auf den Kohl geben. Mit Olivenöl beträufeln, mit Salz und Pfeffer bestreuen und sofort servieren.

~ Cavolo nero
Schwarzkohl

Schwarzkohl – eine dunkle Grünkohlvarietät – ist nur während der Wintermonate in Italien erhältlich. Das längliche, elegant aussehende Gemüse mit seinen dunkelgrünen Blättern läutet geradezu den Winteranfang ein. Sollte ich je heiraten, wünsche ich mir Schwarzkohlblätter in meinem Brautstrauß – ich liebe seine Farbe, die sich vor allem von dem Weiß des Brautkleides wunderschön abheben würde. Schwarzkohl wird hauptsächlich in Mittelitalien angebaut und ist fundamentaler Bestandteil der ribollita, einer der bekanntesten Suppen dieser Gegend. Außerdem passt er wunderbar zu Bohnen auf bruschetta oder kann kurz gedämpft mit heißem Öl, Knoblauch und Zitronensaft warm serviert werden. Halten Sie Ausschau nach diesem köstlichen Gemüse – ab und zu findet man es bei uns bereits in Supermärkten.

La ribollita ~ AUFGEWÄRMTE BOHNEN-GEMÜSE-SUPPE

In der Toskana wird diese Suppe mit Schwarzkohl gekocht, der gleichzeitig mit dem frisch gepressten Olivenöl im November auf den Markt kommt. Die Qualität des Öls spielt in diesem Rezept eine große Rolle. Benutzen Sie Ihren größten Kochtopf – die unten angegebenen Mengenangaben dienen lediglich als Orientierungshilfe. Wie so häufig bei Suppen, gewinnt auch diese Suppe, wenn man sie am nächsten Tag noch einmal aufwärmt. Das Gemüse sollte noch Biss haben und die Brühe darf nicht zu stark einkochen. Sehr oft wird die Ribollita auch mit Parmesan gratiniert.

Für 8 Personen

180 g getrocknete Cannellinibohnen
  1 große Zwiebel, in Scheiben geschnitten
  4 Karotten, in Scheiben geschnitten
  4 Stangen Staudensellerie, geputzt und in Scheiben geschnitten
  4 Lauchstangen, geputzt und in Ringe geschnitten
250 g Schwarzkohl, geputzt und gewaschen
  8 Tomaten
  4 EL Olivenöl
  2 Knoblauchzehen, geschält und fein gehackt
  1 getrocknete Chili (peperoncino), mit Kernen zerkrümelt
  1 Hand voll frische Kräuter (Petersilie, Lorbeer und Rosmarin), gehackt
Meersalz und frisch gemahlener schwarzer Pfeffer
  2 EL Olivenöl

ZUM SERVIEREN:
  8 Scheiben Bauernbrot
frisches extra natives Olivenöl (direkt vom Hersteller)
  3 EL frisch gehackte, glatte Petersilie

1 Die Cannellinibohnen über Nacht in kaltem Wasser einweichen. Unter fließendem Wasser abspülen und abtropfen lassen.

2 Die Zwiebel in dünne Scheiben schneiden. Karotten, Sellerie, Lauch und Schwarzkohl klein hacken. Die Tomaten in kochendem Wasser blanchieren, abtropfen lassen, häuten, vierteln und entkernen.

3 In einem großen Topf die Zwiebel in 4 Esslöffeln Öl anschwitzen. Das restliche Gemüse und die Tomaten hinzugeben und umrühren, damit das Gemüse mit Öl bedeckt wird. Knoblauch und Chili hinzugeben und 10 Minuten köcheln lassen.

5 Die Bohnen hinzugeben und umrühren. Mit Wasser bedecken und im geschlossenen Topf bei mäßiger Hitze etwa anderthalb Stunden köcheln lassen, bis die Bohnen weich sind.

6 Ein Drittel der Suppenmischung pürieren und wieder in den Suppentopf geben.

7 In einer Pfanne das restliche Öl erhitzen. Den fein gehackten Knoblauch mit den Kräutern hellbraun anbraten und anschließend in den Suppentopf geben. Die Suppe 24 Stunden ruhen lassen.

8 Den Topf ohne Deckel erhitzen. Die Suppe sollte flüssig jedoch nicht wässrig sein. Mit Salz und Pfeffer abschmecken. In jeden Suppenteller eine Scheibe Brot legen, die Suppe darüber giessen, großzügig mit extra nativem Olivenöl beträufeln und mit Salz und Petersilie bestreuen.

Zuppa alla frantoiana ∼ OLIVENPRESSENSUPPE

Diese Suppe enthält so viele wertvolle Gemüse, dass sie leicht eine ganze Mahlzeit ersetzt. Trotz der Bohnen ist sie angenehm leicht, lässt sich gut aufbewahren und wärmt im Winter. Verwenden Sie Borlottibohnen, sie sind mehliger als Cannellinibohnen und nehmen daher den Geschmack der Suppe besser an. Dieses Gericht ist typisch für die Toskana, da dort das Olivenöl der neuen Ernte ganz besonders gefeiert wird.

Für 8 Personen

- 2 EL Olivenöl
- 2 mittelgroße Karotten, geputzt und in feine Scheiben geschnitten
- 1 Stange Staudensellerie, geputzt und in feine Scheiben geschnitten
- 1 mittelgroße rote Zwiebel, geschält und fein gehackt
- 2 Lauchstangen, geputzt und in feine Ringe geschnitten
- 2 Knoblauchzehen, geschält
- 1 Hand voll frisch zerrupfter Salbeiblätter
- 1 mittelgroßer Wirsingkohl, geraspelt
- 5 Schwarzkohlblätter und Stiele, grob gehackt
- 1 Dose (400 g) italienische Eiertomaten
- 3 kleine Zucchini, geputzt und in Scheiben geschnitten
- 6 neue Kartoffeln, geschält und in Würfel geschnitten
- 1 mittelgroße Florentiner Fenchelknolle, grob gehackt
- 1 Hand voll Basilikumblätter
- 1 TL frische Thymianblätter
- 1 Msp. frisch gemahlene Muskatnuss
- 500 g Borlottibohnen, mit Knoblauch und Salbei gekocht (bewahren Sie das Kochwasser auf)
- Meersalz und frisch gemahlener schwarzer Pfeffer
- 4 EL oder mehr frisches extra natives Olivenöl (direkt vom Hersteller)

1 In einem großen Topf auf kleiner Flamme das Olivenöl erhitzen. Karotten, Sellerie, Zwiebeln, Lauch, Knoblauch und Salbei hineingeben und unter ständigem Rühren etwa 10 Minuten lang glasig dünsten.

2 Wirsingkohl, Schwarzkohl und Tomaten mit Saft hinzufügen und etwa 10 Minuten lang weiterrühren.

3 Einen Liter Wasser mit den restlichen Gemüsesorten, Kräutern und Gewürzen hinzugeben, die Hitze etwas erhöhen und 45 Minuten köcheln lassen.

4 Die Bohnen mit dem Kochwasser durch ein Sieb passieren und die Masse in die Suppe einrühren. Erneut die Hitze erhöhen und abschmecken. Die Suppe auf die Teller verteilen und mit frischem Olivenöl begießen. Je nach Geschmack kann noch Parmesankäse darüber gestreut werden.

Ravioli con cicoria ～ Ravioli mit grüner Endivie

Die Italiener lieben einfach grünes Gemüse. Die leicht bitter schmeckenden Blätter der grünen Endivie sind als Ravioli-Füllung eine hervorragende Ergänzung zur süßlichen Tomatensauce, man kann jedoch auch Spinat, Mangold oder Rucola verwenden. An einem sehr kalten Wintertag kurz vor Karneval habe ich dieses Gericht zum ersten Mal in einem kleinen Café in Venedig gegessen. Die Großmutter der Familie hatte es gekocht. Ich bin zum Abendessen erneut hingegangen und habe das gleiche Gericht bestellt, um mir den Geschmack fest ins Gedächtnis einzuprägen ...

Für 4 Personen

PASTA:
- 2 Eier (die größten, die Sie finden können)
- 120 g Weizenmehl
- 120 g feiner Grieß
- Meersalz

FÜLLUNG:
- 500 g Endiviensalatblätter, geputzt
- Meersalz und frisch gemahlener schwarzer Pfeffer
- 250 g frischer Ricottakäse
- 1 Knoblauchzehe, geschält und gepresst
- 1 Msp. getrocknete Chili (peperoncino)
- 1 Ei (auch so groß wie möglich)
- 100 g frisch geriebener Parmesankäse

ZUM SERVIEREN:
- 50 g Butter
- frisch geriebener Parmesankäse
- Tomatensauce (siehe Seite 147)

1 Die Pasta genau wie in Rezept Seite 151 beschrieben zubereiten. Den Teig ausrollen und in 7,5 cm breite Streifen schneiden.

2 Für die Füllung: Die geputzten Salatblätter in kochendem Wasser etwa 7–10 Minuten weich kochen. Anschließend gut abtropfen lassen und fein hacken.

3 Salat, Ricotta, Knoblauch, Chili, Ei und Parmesankäse miteinander vermischen und mit Salz und Pfeffer abschmecken. Aus der Masse kleine Bällchen formen und sie im Abstand von etwa 7,5 cm auf die Teigstreifen legen. Jeweils mit einem weiteren Teigstreifen bedecken, gut andrücken und mit einem Raviolischneider in Vierecke schneiden. Eine Weile trocknen lassen.

4 Die Ravioli in Salzwasser etwa 8 Minuten lang köcheln lassen. Wenn sie an die Wasseroberfläche aufsteigen, mit einem Schöpflöffel herausholen, abtropfen lassen und mit Butter, Parmesankäse und warmer Tomatensauce servieren.

Cicoria ～ ENDIVIEN/ZICHORIEN

Die Stammpflanze der Zichoriengewächse ist die blau blühende wilde Zichorie, die heute noch von Europa über Nordafrika bis nach Westasien anzutreffen ist. Ihre gezackten, an Löwenzahn erinnernden Blätter schmecken sehr bitter. Im Laufe der Jahrhunderte wurden daraus großblättrigere und weniger bitter schmeckende Kulturformen gezüchtet. Aus »Cichorium intybus« sind die grünblättrigen Blattzichorien (Fleischkraut), deren berühmtester Vertreter der italienische *catalogna* ist, die rotblättrige Raddichiofamilie, darunter der längliche *radicchio trevigiano* und der runde *radicchio di chioggia* und auch die weißen kompakten Kolben gezüchtet worden, die bei uns Chicorée heißen. Letztere wurden Ende des 19. Jahrhunderts vor allem in Belgien und Frankreich kultiviert. Seit Mitte des

18. Jahrhunderts (als echter Kaffee noch sehr teuer war) wird aus den Wurzeln der Zichorien ein Kaffee-Ersatz hergestellt, der in ganz Europa bekannt wurde. »Cichorium endiva« trägt bei uns den Namen Endivie, zur Familie zählen jedoch auch Friséesalat, Bataviasalat und Escarolsalat.

Viele Mitglieder der Zichorienfamilie werden roh als Salat gegessen, man kann sie jedoch auch kochen. Glatte Endivie ergibt mit Ricottakäse vermischt eine köstliche Raviolifüllung. Meine Großmutter briet Endivienblätter mit Olivenöl und Knoblauch – eine meiner frühesten Feinschmeckererinnerungen. Zichorien stehen in Italien regelmäßig auf den Speiseplan, da sie die Leber reinigen sollen, und Italiener sind sehr bedacht darauf, ihre Leber gesund zu erhalten ...

Farro con fagioli ~ Dinkel-Bohnensuppe

Der hellbraune, gerstenähnliche Dinkel hat erst vor kurzem eine Renaissance erlebt und wird nun wegen seines Geschmacks und seiner Nahrhaftigkeit wieder sehr geschätzt. Dinkel wird fast ausschließlich in Garfagnana angebaut, der Bergregion der Toskana, und seine Verwendung hat neuen Schwung in die toskanische Küche gebracht. Dieses Suppenrezept stammt aus Garfagnana.

Für 8 Personen

250 g getrocknete Borlottibohnen,
    über Nacht eingeweicht, abgespült
    und abgetropft
2 mittelgroße weiße Zwiebeln,
    geschält
5 Salbeiblätter
3 Knoblauchzehen, geschält
4 EL Olivenöl
1 mittelgroße rote Zwiebel, geschält
    und fein gehackt
2 Karotten, geschält und gewürfelt
2–4 Stangen Staudensellerie, geputzt
    und gewürfelt
1 Bund frische glatte Petersilie
1 Dose (275 g) italienische Eier-
    tomaten mit Saft
6 EL extra natives Olivenöl
200 g Dinkel, über Nacht eingeweicht,
    gewaschen und abgetropft
Meersalz und frisch gemahlener
    schwarzer Pfeffer

1 In einem großen Topf die Bohnen, eine Zwiebel, die Hälfte des Salbeis und eine Knoblauchzehe mindestens 5 cm hoch mit Wasser bedecken.

2 Zugedeckt etwa eine Stunde kochen, bis die Bohnen weich sind. Anschließend den Inhalt des Topfes mit dem Mixer pürieren oder durch ein Passiersieb streichen.

3 In einem großen Topf das Öl erhitzen. Die fein geschnittene rote Zwiebel und die verbleibende, ebenfalls fein geschnittene weiße Zwiebel hineingeben. Karotten, Sellerie, einen Teil der Petersilie, die verbleibenden Knoblauchzehen und Salbeiblätter, Tomaten und drei Esslöffel heißes Wasser hinzugeben und 10 Minuten kochen lassen.

4 Den Dinkel zufügen und auf kleiner Flamme eine halbe Stunde weich kochen. Salz, Pfeffer und die Bohnenmischung hinzugeben. Gleichmäßig rühren bis alles durch und durch warm ist. Abschmecken, mit Olivenöl beträufeln, mit der restlichen Petersilie bestreuen und servieren.

~ Farro

Dinkel ist eine Unterart des Weizens, der bereits von den Assyrern, Ägyptern und Römern angebaut und gegessen wurde. Letztere bereiteten aus dem ganzen Korn ein Eintopfgericht zu und kochten aus gemahlenem Dinkel Polenta. Dinkel wird im Herbst wie Reis auf terrassenförmig angelegten Feldern gepflanzt, steht jedoch im Gegensatz zu Reis nicht gerne im Wasser und gedeiht daher besonders gut in bergiger Landschaft. Das Getreide ist recht resistent gegen Schädlinge und bedarf daher keinerlei Pestizide oder Fungizide. Dinkel wird im Juni geerntet. Das Getreide wird geschnitten und zunächst getrocknet, bevor es einige Monate später gedroschen wird. Man unterscheidet Dinkel und Grünkern, den halbreif geernteten, entspelzten Dinkel, der auch ohne vorheriges Einweichen gekocht werden kann.

Alloro ~ Lorbeer

Der Lorbeerbaum, »Laurus nobilis«, stammt ursprünglich aus Kleinasien und dem Mittelmeerraum. Er gehört wie – vielleicht überraschend viele – andere Gewürz-, Obst- und Heilpflanzen, u. a. Zimtbaum, Kampferbaum, Avocado, Sassafrasbaum zur Familie der Lorbeergewächse. Schon vor langer Zeit hat Lorbeer in der europäischen Küche, vor allem der des Mittelmeerraums, Einzug gehalten, zudem ranken sich vielerlei Mythen und Legenden um ihn. Apoll, von Amors Pfeil getroffen, verfolgte Daphne, die aber nur die Jagd und die Einsamkeit liebte. Als sie wieder einmal vor ihm davonrannte und er ihr dicht auf den Fersen war, betete Daphne, die Erde möge sie umschließen und retten. Als Apoll sie einholte, wurden ihre Beine zu Wurzeln, ihre Haare und Arme hingegen zu Zweigen. Als Apoll sie umarmen wollte, hielt er lediglich einen Baumstamm in den Armen, einen Lorbeerbaum. Daher wählte Apoll den Lorbeerbaum als Wappen und krönte sich selbst mit einem Kranz aus Lorbeerblättern. Seitdem ist der Lorbeer ein Symbol des Sieges und des Ruhmes für Feldherren, Künstler und Sportler.

Der immergrüne Strauch oder Baum kann bis zu 6 m hoch werden und hat eine grünliche Rinde, die im Alter immer dunkler wird. Die länglich-lanzettförmigen, gelegentlich mit gewellten Rändern, 5 – 10 cm langen Blätter sind ledrig und haben eine glänzende Oberfläche. Der Lorbeerbaum blüht im April, seine Früchte werden häufig Beeren genannt, haben aber wie Oliven oder Pfirsiche einen mit Fruchtfleisch ummantelten Kern. Diese kleinen Steinfrüchte sollte man reif ernten, in einem Backofen trocknen (entweder mit der Restwärme nach dem Brotbacken oder bei ganz geringer Wärme über Nacht), da sie genau wie die Blätter ein sehr angenehmes Aroma verströmen.

In ganz Europa sind Lorbeerblätter Bestandteil des klassischen *bouquet garni* und würzen Suppen, Eintöpfe und Marinaden. Versuchen Sie frische Blätter zu bekommen, denn ihr Aroma ist ungleich intensiver. Je trockener das Blatt wird, desto mehr ätherische Öle als Quelle des Aromas gehen verloren.

Baclauro ∼ Lorbeerlikör

Dieser aus den Steinfrüchten des Lorbeerbaumes hergestellte Likör wird in ganz Sizilien und überall dort, wo Lorbeerbäume wachsen, angeboten. Da der Lorbeerbaum auch bei uns gedeiht, wollte ich auf das Rezept in dieser Sammlung nicht verzichten. Ich finde den Geschmack des Likörs sehr ungewöhnlich, jedoch nach dem Abendessen äußerst angenehm. Falls Sie keinen reinen Alkohol erstehen können, nehmen Sie stattdessen einen guten Wodka.

450 g getrocknete Lorbeerfrüchte
2 TL Vanilleextrakt
1,5 l reiner Alkohol (95 %) oder Wodka
2 kg Kandiszucker
2,8 l destilliertes Wasser

1 Die getrockneten Lorbeerfrüchte zusammen mit dem Vanilleextrakt zwei Wochen lang in Alkohol ziehen lassen.

2 Einen Zuckersirup herstellen, dazu bei schwacher Hitze den Zucker im destillierten Wasser langsam auflösen und dann den Sirup abkühlen lassen.

3 Den Alkohol zum Sirup geben, die Flüssigkeit durch ein Tuch seihen und in sterilisierte Flaschen abfüllen. 2 Monate lang an einem dunklen Ort ruhen lassen

Pane all'anice e alloro ~ Anis-Lorbeerbrot

Dieses Rezept ist entstanden, um meine Liebe zu Anissamen und Lorbeerblättern zu dokumentieren. Ich war sicher, beide Gewürze würden gut zueinander passen, und so ist es auch. Zudem sieht dieses Brot toll aus! Es schmeckt sehr gut zu würzigem Essen, ist aber auch getoastet zum Frühstück eine Delikatesse. Ich habe es auch schon zum Käsegang serviert und damit großen Anklang gefunden.

Für 10 Personen

BROTTEIG:
- 1 TL Anissamen
- 250 ml Wasser
- 1 EL Waldhonig
- 250 ml Vollmilch
- 1 TL frische Hefe
- 500–550 g Weizenmehl
- 3 TL Meersalz
- 2 EL Olivenöl
- 10 Lorbeerblätter

GLASUR:
- 1 großes Eigelb
- 1 TL Wasser

1 Für den Brotteig: In einem kleinen Topf die Anissamen 5 Minuten im Wasser kochen. Die Mischung in eine große Schüssel gießen und Honig und Milch einrühren. Die Mischung auf 40–45 °C abkühlen lassen.

2 Die Hefe über der Schüssel zerkrümeln und solange in die warme Flüssigkeit einrühren, bis sie gänzlich aufgelöst ist. Nach und nach das Mehl (jeweils 100-g-weise) und das Salz hinzugeben, bis ein weicher Teig entsteht. Den Teig auf einer mit Mehl bestäubten Arbeitsfläche 10 Minuten kneten, eventuell mehr Mehl zufügen, falls er an der Arbeitsfläche klebt. Der Teig sollte glatt und geschmeidig werden.

3 Die Teigkugel wieder in eine Schüssel legen, mit dem Olivenöl beträufeln und mit einem Geschirrtuch abgedeckt eine Stunde lang gehen lassen, bis sich sein Volumen verdoppelt hat.

4 Den Ofen auf 200 °C/Gasherd Stufe 4 vorheizen und ein Backblech einfetten.

5 Den Teig, wenn er genug gegangen ist, auf der Arbeitsfläche solange kneten, bis er keine Luftblasen mehr zeigt. Anschließend die Teigkugel mit Mehl bestäuben und weitere 5 Minuten ruhen lassen.

6 Aus dem Teig eine 28 cm lange Rolle formen und diese mehrere Male in der Luft um die eigene Achse drehen. Anschließend die Rolle kranzförmig auf das Backblech legen, die Enden zusammendrücken und darunter stecken. Den Kranz zehnmal diagonal einritzen und in jeden Schlitz ein Lorbeerblatt stecken. Den Teig abdecken und 25–30 Minuten ruhen lassen.

7 In der Zwischenzeit in einer kleinen Schüssel Eigelb und Wasser verquirlen und den Brotkranz damit einpinseln.

8 Das Brot im vorgeheizten Ofen 30–35 Minuten goldbraun backen. Der Laib sollte hohl klingen, wenn man dagegen klopft. Auf einem Kuchenrost auskühlen lassen.

~ Prezzemolo

Petersilie stammt ursprünglich aus dem Mittelmeerraum, und es werden zwei Hauptarten unterschieden. Die glatte Petersilie – auch italienische Petersilie genannt – überwiegt heute in Italien deutlich. Man hält sie dort für aromatischer als die krause Petersilie, wie sie bei uns häufiger verwendet wird. Petersiliensamen sind klein und schwarz und wurden früher ebenfalls zum Kochen verwandt. Sie keimen langsam und der erste Spross lässt bis zu 90 Tage auf sich warten. Das Aroma frischer Petersilie ist von dem Klima, in dem sie gedeiht, abhängig, daher ist die glatte Petersilie, die in der Hitze Süditaliens wächst, einfach unschlagbar. Ich benutze dieses Kraut großzügig in fast all meinen Gerichten, da es meiner Meinung nach beim Würzen den gleichen Stellenwert einnimmt wie Salz. Petersilie passt zu Suppen, pesto, *in eine* salsa verde *und in viele andere Saucen.*

Zuppa di prezzemolo ~ PETERSILIENSUPPE

Diese Suppe wird mit Petersilie garniert, aber in ungewöhnlicher Form. Sie vereinigt die verschiedensten Aromen, ähnlich der traditionellen *gremolata* auf einem *ossobuco*.

Für 6 Personen

2 große alte Kartoffeln, geschält und
   in Würfel geschnitten
1 Karotte, geschält und in Würfel
   geschnitten
2 Stangen Staudensellerie, geputzt
   und in Würfel geschnitten
1 Zwiebel, geschält und grob gehackt
500 g junge Spinatblätter
Meersalz und frisch gemahlener
   schwarzer Pfeffer

PETERSILIENGARNIERUNG:

1 Bund frisch gehackte, glatte Petersilie
Schale einer unbehandelten Zitrone,
   fein geraspelt
2 Knoblauchzehen, geschält und
   gepresst
4 EL gutes fruchtiges Olivenöl
150 g frisch geriebener Parmesankäse

1 Kartoffeln, Karotten, Sellerie, Zwiebel, Spinat und etwas Salz in einen Topf geben. Mit Wasser bedecken und solange kochen, bis die Kartoffeln zerfallen (mindestens 30 Minuten).

2 In der Zwischenzeit die Zutaten für die Garnierung miteinander vermengen, mit Salz und Pfeffer abschmecken und beiseite stellen.

3 Die Suppe vom Herd nehmen und abschmecken. Die Suppe in eine Suppenschüssel gießen und mit der Petersilienmischung bestreuen.

Fume di pesce ~ Fischbrühe

Das Rezept für diese Fischbrühe stammt wieder von meiner Großmutter und ist in meiner Familie eine wichtige Grundlage für Suppen, Fischeintöpfe, Fischrisotti und Saucen. Eine Fischbrühe wurde wöchentlich gekocht und beweist mal wieder, wie sparsam die Italiener mit Lebensmitteln umgehen, nicht einmal Fischgräten werden weggeworfen – auch wenn die Katze ihren Anteil bekommt!

Ergibt etwa 450 ml
- 30 g Butter
- 60 g Zwiebeln, geschält und gehackt
- 675–900 g gesäuberte Fischgräten
- 2 Thymianzweige
- 2 Lorbeerblätter
- 1 Stange Staudensellerie, klein gehackt
- 1 Bund frische glatte Petersilie mit Stängeln
- 1 TL weiße Pfefferkörner

1 In einem großen Topf die Butter zerlassen und die Zwiebel darin 5 Minuten anschwitzen.

2 Gräten, Thymian, Lorbeer, Sellerie, Petersilie und Pfefferkörner hinzugeben und unter ständigem Umrühren 5 Minuten mitkochen.

3 Einen Liter Wasser hinzufügen, aufkochen lassen, die Hitze reduzieren und die Brühe 20 Minuten im offenen Topf köcheln lassen.

4 Die Suppe durch ein konisches Sieb abgießen, abkühlen und im Kühlschrank aufbewahren.

Carde fritte al pomodoro ~ FRITTIERTE KARDEN MIT TOMATENSAUCE

Ich bin hocherfreut über das stetig zunehmende Angebot an verschiedenen Gemüsesorten in Supermärkten und bei guten Gemüsehändlern. Karden mögen bei uns noch recht selten sein, doch das wird sich sicherlich bald ändern. Diese Zubereitungsart des Gemüses – in Mehl und verquirlten Eiern wälzen und dann frittieren – funktioniert auch mit Auberginen, Zucchini und Fenchel.

Für 6 Personen
1,5 kg Karden
Saft einer Zitrone

4 EL Olivenöl
3 Knoblauchzehen, geschält und
gepresst
500 g reife Tomaten, gehackt
Meersalz und frisch gemahlener
schwarzer Pfeffer

Olivenöl für das Frittieren
120 g Weizenmehl
2 große Eier, mit 1 Msp. Salz verquirlt
1 Bund frische glatte Petersilie, fein
gehackt

1 Die Karden putzen, dabei die Blätter entfernen und die äußeren Stängel häuten. Die Mitte, *cuore di carde*, das Herz schmeckt am leckersten. Stängel und Herz in kleine Stücke schneiden und in einer Schüssel mit Zitronenwasser etwa 5 Minuten einweichen.

2 In einem Topf das Olivenöl bei mittlerer Hitze erwärmen. Knoblauch und Tomaten hineingeben und mit Salz und Pfeffer würzen. Im zugedeckten Topf bei schwacher Hitze 20 Minuten köcheln lassen.

3 In einem großen Topf Salzwasser zum Kochen bringen, die Karden hineingeben und etwa 8 Minuten kochen, bis sie zart, aber immer noch fest sind. Abtropfen lassen, mit fließendem kaltem Wasser abspülen und auf Küchenpapier trocknen.

4 Das Frittieröl erhitzen. Die Karden in Mehl wälzen und in die verquirlten Eier tunken. Frittieren bis die Karden rundherum goldbraun sind, auf Küchenpapier trocknen, bevor man sie auf einer vorgewärmten Platte anrichtet.

5 Petersilie in die heiße Tomatensauce einrühren, und die frittierten Karden mit der Sauce servieren.

~ *Carde*

Wilde Karden sind eine Distelart, die im gesamten Mittelmeerraum gedeiht und vermutlich der Urahn der Artischocke und der kultivierten Karde war. Die wilden Pflanzen sind so stachelig, dass man die Felder, auf denen sie wachsen, kaum betreten kann. Noch vor der Artischocke schätzten Ägypter, Römer und Griechen Karden als Delikatesse, *und auch in Deutschland sind Karden wieder beliebt. Die Pflanzen haben eine gewisse Ähnlichkeit mit Staudensellerie, genießbar sind jedoch weniger die Blätter und Knospen sondern vor allem die Stängel. Geschmacklich ähneln sie der Artischocke, in der Struktur eher dem Sellerie. Die rohen Stängel sind neben anderen Gemüsen ein wichtiger Bestandteil der* bagna cauda, *rohes Gemüse mit Anchovissauce. Die Stängel werden auch gekocht oder mit einer Käsesauce überbacken gegessen.*

Anguilla all'uvetta ~ Aal mit Rosinen

Haben Sie bitte keine Scheu vor Aalen. Auch wenn sie äußerlich eine gewisse Ähnlichkeit mit Schlangen haben, so ist ihr Geschmack doch unvergleichlich gut. Obwohl Aale bei uns recht beliebt sind, werden sie doch ihren schlechten Ruf nicht so ganz los. Dieses Gericht wird Sie jedoch überzeugen, es ist unverfälscht und einfach köstlich. Lassen Sie den Fisch schon beim Händler häuten.

Für 6 Personen
4 EL Olivenöl
200 g frische Steinpilze oder Wiesenchampignons, gesäubert und in Scheiben geschnitten
Meersalz und frisch gemahlener schwarzer Pfeffer
Saft einer halben Zitrone
2 EL Rosinen
1 kg Aal, gehäutet
20 g Butter
1 Zwiebel, geschält und in Scheiben geschnitten
1 Karotte, in Scheiben geschnitten
2 Knoblauchzehen, geschält und gepresst
1 EL Weizenmehl
250 ml Rotwein
1 EL Brandy
1 Nelke
2 Lorbeerblätter
7 frische Petersilienstängel
1 frischer Rosmarinzweig
175 ml Wasser

1 Bei mittlerer Hitze zwei Esslöffel Olivenöl in einer Pfanne erhitzen. Pilze hinzugeben und 5 Minuten andünsten. Mit etwas Salz und Pfeffer würzen und die Zitrone über den Pilzen ausdrücken. Die Rosinen abgedeckt in lauwarmem Wasser einweichen und beiseite stellen, bis sie gebraucht werden.

2 Den Aal in Stücke schneiden, waschen und trocknen. In einer Pfanne bei mittlerer Hitze das restliche Öl und die Butter erhitzen. Zwiebel und Karotten hinzufügen und solange schmoren, bis die Zwiebel glasig wird.

3 Die Aalstücke hinzugeben und bei starker Hitze etwa 10 Minuten anbraten. Den Aal aus der Pfanne nehmen und beiseite stellen. Knoblauch in der Pfanne andünsten. Mehl einrühren und schließlich Wein, Brandy, Nelke, Kräuter und Wasser hinzufügen. Zugedeckt bei schwacher Hitze eine Stunde köcheln lassen, dabei gelegentlich umrühren.

4 Die Sauce durch ein Sieb streichen und in einen Serviertopf füllen. Mit den Pilzen, den abgetropften Rosinen und dem Aal ca. 25 Minuten köcheln lassen, damit sich die Aromen entfalten können. Anschließend sofort servieren.

～ Anguilla

Flussaale haben einen ungewöhnlichen Lebenszyklus, da sie zunächst im Salzwasser, später im Süßwasser leben. Ausgewachsene Aale schmecken köstlich, doch auch die kleinen Glasaale(u. a. le cec von cieche, ein Rezept aus Pisa, bei dem in Öl gebratene Glasaale mit Salbei und Pfeffer gewürzt werden), werden in Italien hoch geschätzt. Aal schmeckt fleischig, delikat und ist äußerst nahrhaft. In Italien wird er gegrillt, gebraten, gedämpft und eingelegt verzehrt (anguilla marinata, Aal in Essig- und Ölmarinade, ein Rezept vom Po-Delta). Sowohl Fluss- wie Meeraale werden auch geräuchert. Flussaal ist etwas teurer, hat jedoch einen feineren Geschmack. Geräuchert muss er nicht mehr gekocht werden und schmeckt am besten mit Zitrone und Brot. Man kann ihn auch als lange, dünne, bisato, blassbraune Filets mit bräunlich roten Streifen kaufen. Fetter Aal, capitone, wird traditionell in Rom und Neapel zu Weihnachten serviert

M.P. VENERE
L. 5000

M.P. VENERE
L. 4000

Baccalà ∼ Klippfisch mit Tomaten und Basilikum

Klippfisch galt früher als die Nahrung der Armen, entstanden aus der Notwendigkeit, Überschuss zu konservieren und für den Winter haltbar zu machen. Ich jedoch halte ihn für eine Delikatesse und mit einer Tomatensauce mögen ihn sogar Kinder. Meine Schwester tischt ihn ihrer Familie jeden Freitag auf, und ihre fünf Kinder sind begeistert.

Für 6 Personen

700 g getrockneter, gesalzener Kabeljau, 24 Stunden in kaltes Wasser eingelegt, das häufig gewechselt werden muss

Olivenöl zum Braten

Weizenmehl für die Panade

  3 Knoblauchzehen, geschält und gehackt

  1 Dose (700 g) italienische Eiertomaten

  1 mittelgroße getrocknete Chilischote (peperoncino), zerstoßen

Meersalz und frisch gemahlener schwarzer Pfeffer

  1 Hand voll frische Basilikumblätter

1 Den Fisch mit Küchenpapier trocknen und in etwa 6 cm große Stücke schneiden. Eine große Bratpfanne 1 cm hoch mit Olivenöl füllen und dieses auf mittlerer Stufe erhitzen. Die Fischstücke einzeln in Mehl wälzen und solange im Öl braten, bis sie rundherum goldbraun und knusprig sind. Mit einem Schöpflöffel aus dem Öl holen und auf Küchenpapier trocknen lassen. Auf diese Weise den ganzen Fisch braten.

2 Den Ofen auf 200 °C/Gasherd Stufe 4 vorheizen.

3 In einem großen Topf 2 Esslöffel Olivenöl erhitzen und den Knoblauch darin goldbraun anbraten. Tomaten, Chili und etwas Salz und Pfeffer hineinrühren. 15 Minuten köcheln lassen und dabei die Tomaten mit der Rückseite eines Holzkochlöffels etwas zerstoßen. Falls die Sauce zu dick wird, kann sie mit etwas Wasser verdünnt werden.

4 Den gebratenen Fisch nebeneinander in eine 33 × 23 cm große Backform legen. Die Sauce über den Fisch gießen und die Form 20 Minuten in den vorgeheizten Ofen stellen. Mit Basilikum bestreut sofort servieren.

∼ *Baccalà*

Klippfisch ist getrockneter und gesalzener Kabeljau (Dorsch). Zunächst wird der Fisch ausgenommen und gesäubert, anschließend kräftig mit Salz eingerieben und schließlich getrocknet. Man scheint ihn vor allem im Mittelmeerraum zu schätzen, jedoch ist er nicht nur da seit dem frühen Mittelalter eine populäre Volksspeise. Er sieht hart und steif aus (ist jedoch nicht so hart wie der luftgetrocknete Stockfisch, der vorher nicht gesalzen wird). Gesalzener Kabeljau ist recht teuer, versuchen Sie daher die besten Stücke aus dem Mittelteil des Fisches zu bekommen und nicht die dünneren Schwanz- und Flossenstücke. Der Fisch ist durchgehend hellgrau mit einer hauchzarten, glänzenden Salzkruste. Vor dem Kochen muss der Fisch 24 Stunden lang in Wasser eingelegt werden, damit er weich wird, wobei man das Wasser häufig wechseln sollte. In Italien kommt er bereits eingeweicht in den Handel und vor allem im Veneto findet man viele traditionelle Klippfischrezepte – Kenner sagen, es gäbe 30 verschiedene Rezepte!

Fonduta Piemontese ∼ Piemonter Fondue

Hier wieder ein traditionelles Rezept, das es wert ist, im Voraus geplant und geduldig zubereitet zu werden. Ich serviere dazu am liebsten frisches Brot, geröstetes Brot oder gegrillte Polenta. Das Käsefondue wird einfach darüber gegossen.

Für 4 Personen
400 g italienischer Fontinakäse
300 ml Vollmilch und 2 EL extra
60 g Butter
4 große Eigelbe
Meersalz und grob gemahlener schwarzer Pfeffer
1 weiße Trüffel oder 1 EL weißes Trüffelöl

1 Den Käse etwa sechs Stunden vor dem Fondue-Essen in kleine Würfel schneiden. In eine mittelgroße Schüssel geben und mit Milch bedecken. Beiseite stellen.

2 Die Butter im Wasserbad schmelzen. Käse und Milch hinzugeben und unter ständigem Rühren solange kochen, bis der Käse geschmolzen ist (etwa 10 Minuten).

3 Die Eigelbe einrühren und solange weiterrühren bis die Sauce cremig wird. Mit Salz und Pfeffer würzen, in einzelne Schüsseln füllen und die Trüffel darüber hobeln oder mit Öl beträufeln.

∼ Fontina

Fontina *gehört zu den köstlichsten Käsesorten Italiens. Der während der Sommermonate auf Almhütten aus Kuhmilch hergestellte Rohmilchkäse kommt von den Bergweiden des Aostatals. Im Winter reifen die Käselaibe in Felsenkellern. Der Käse hat eine tiefgelbe Farbe und eine feste, mandelbraune Rinde. Der Teig ist fest und von leicht krümeliger Konsistenz mit winzigen Löchern. Im Geschmack ist er würzig mit dem Aroma von Nüssen, wildem Honig und Früchten, gelegentlich auch von Heu und Waldpilzen. Er schmeckt hervorragend als Dessertkäse und ist wichtigster Bestandteil der fonduta.*

∽ Pane

Brot *schmeckt das ganze Jahr über, doch während der Wintermonate schätzt man es besonders. Eine italienische Mahlzeit ist ohne Brot nicht denkbar, vor allem wegen des piccolo scarpe (des »kleinen Schuhs«), eine Bezeichnung für den Vorgang, mit Brot den Teller auszuwischen, um die letzten Tropfen der leckeren Saucen aufzufangen. Brot wird in Italien täglich frisch gekauft, manchmal sogar zweimal pro Tag, da es schnell altbacken wird. Doch viele Rezepte in diesem Buch zeigen, dass auch altes Brot nicht verschwendet wird.*

Viele italienische Brotsorten haben eine überraschende Konsistenz und einen großartigen Geschmack, doch findet man diese nur noch in den kleinen traditionellen Bäckereien auf dem Lande. In den Städten, wo Brot als Massenware hergestellt wird, schmeckt es meist fade und langweilig. Um interessante Fotos für dieses Buch zu machen, haben der Fotograf Jason, der Designer Geoff und ich einer Nachtschicht in einer kleinen ländlichen Bäckerei beigewohnt (siehe Seite 210). Für mich war es wunderbar zu sehen, wie dort noch streng nach den alten Traditionen gearbeitet wurde.

Gute Brote benötigen eine biga, *einen Vorteig, um die Hefe anzusetzen. Ich nenne ihn »meinen kleinen Küchenhelfer«. In den Bäckereien wird er täglich hergestellt und sein säuerliches Aroma verleiht dem Brot einen ganz besonderen Geschmack, macht das Brot bissfester und etwas länger haltbar. Biga ist einfach herzustellen und hält sich 72 Stunden. Ich empfehle Ihnen wirklich, einmal selbst Brot zu backen.*

Ciabatta ∽ »Pantoffel«-Brot

Dieses Brot mit der mehligen Kruste und der ungewöhnlichen Form ist ein besonderer Anblick, doch in Erinnerung bleiben wird vor allem der großporige luftige Teig und die zugleich leicht feuchte und knusprige Konsistenz. Das italienische Wort *ciabatta* bedeutet »Pantoffel« und hängt mit der zugleich flachen und bauschigen Form zusammen. Um ein gutes ciabatta herzustellen, benötigt man einen Teig, der so flüssig ist, dass er sich kaum handhaben lässt. Doch es lohnt sich!

Die *biga* – der Vorteig – unterscheidet sich hier von denen in den anderen Rezepten, da er für eine größere Menge Mehl gedacht ist. Sie werden etwas biga übrig haben, doch vielleicht gibt es ja in der Nachbarschaft noch andere Hobbybäcker.

Ergibt 4 Laibe
Biga – Vorteig (ergibt etwa 1 kg):
  5 g frische Hefe (oder ½ TL Trockenhefe, frische Hefe ist jedoch vorzuziehen)
400 ml Wasser
550–600 g Weizenmehl

Teig:
  10 g frische Hefe (oder 1 TL Trockenhefe)
500 g Biga
  15 g feines Meersalz
etwa 300 ml warmes Wasser

Für die Kruste:
2–3 EL Olivenöl
500 g Weizenmehl

1 Die Biga-Zutaten miteinander vermischen und mit der Hand oder einem Löffel zu einem lockeren, geschmeidigen Teig vermengen, bis keine Mehlklümpchen mehr zu sehen sind. Gut abgedeckt bei Zimmertemperatur 12–24 Stunden ruhen lassen. Für die Ciabatta benötigen Sie die Hälfte der Biga.

2 Für den Teig: Alle Zutaten bis auf das Olivenöl miteinander zu einem feuchten, klebrigen Teig vermengen, bis sich das Gluten entwickelt. Der Teig bleibt an den Händen kleben, daher bevorzugen viele ein Handrührgerät oder eine Küchenmaschine. Sie sollten jedoch bei der »Handarbeit« bleiben und den Teig solange kneten, bis er geschmeidig und elastisch ist und sich gut formen lässt.

3 Eine Schüssel großzügig mit Olivenöl ausfetten, den Teig hineingeben und sorgfältig abdecken. Der Teig soll während des Gehens im Öl baden und sein Volumen verdoppeln, oder sogar verdreifachen. Dieses kann unterschiedlich lange dauern (zwischen anderthalb und 2 Stunden oder länger, je nach Temperatur und Luftfeuchtigkeit).

4 Die ölige Masse vorsichtig auf eine großzügig mit Mehl bestäubte Arbeitsfläche geben, ohne ihr ihre Luftigkeit zu nehmen. Mit bemehlten Händen und mit Mehl bestäubten Messern oder Spachteln den Teig in vier Teile teilen.

5 Zwei Backbleche mit Olivenöl bepinseln. Alle vier Teigstücke im Mehl wälzen, auf das Blech legen und dabei etwas in die Länge ziehen (sollten Sie das Brot auf einem Backstein backen, diesen vorher mit Mehl bestäuben). Jedes Brot sollte zwei- bis dreimal so lang als breit sein. Mit den Fingerspitzen vorsichtig flachdrücken, ohne dass der Teig zusammenfällt.

6 Die Brote mit Geschirrtüchern oder Küchenpapier lose bedecken und eine Stunde ruhen lassen. Nach dem Gehen sollte der Teig seine Höhe fast verdoppelt haben. Auch wenn die Brote immer noch merkwürdig flach aussehen, machen Sie sich keine Sorgen, sie werden im Ofen weiter aufgehen.

7 In der Zwischenzeit den Ofen auf 200 °C/Gasherd Stufe 4 vorheizen.

8 Die Brote im vorgeheizten Ofen knapp 20 Minuten backen.

Pane Toscano ～ TOSKANISCHES BROT

Dieses Rezept habe ich dem toskanischen Bäcker entlockt, dem wir eine Nacht lang zusehen durften, aber natürlich habe ich die Mengenangaben reduziert. Ein italienischer Aberglaube verlangt, Brot immer mit der richtigen Seite nach oben auf den Tisch zu stellen. Das Brot falsch herum anzubieten, zeugt von mangelndem Respekt und bringt zudem Unglück. Mein Großvater ritzte mit einem Messer ein Kreuz in die frischen Brotlaibe ein, um zu versinnbildlichen, welche Bedeutung Brot für ihn hat.

Ergibt einen großen Laib

BIGA-VORTEIG:
20 g frische Hefe
250 ml warmes Wasser
200 g Weizenmehl (Typ 550)

TEIG:
Etwa 250 ml warmes Wasser
Feines Meersalz
620 g Weizenmehl (Typ 550),
davon 120 g separat

FÜR DIE KRUSTE:
Olivenöl
Weizenmehl

1 Für den Biga-Vorteig: Das warme Wasser in eine große Glasschüssel gießen, die Hefe hinein bröckeln und solange umrühren, bis sich die Hefe aufgelöst hat. Das Mehl untermischen, bis der Teig glatt und geschmeidig ist. Mit Mehl bestäuben, mit einem Handtuch abdecken und 24 Stunden ruhen lassen.

2 Für den Teig: Das warme Wasser und eine gute Prise Salz in den Vorteig einrühren. Nach und nach 500 g Mehl (100 g-weise) hinzufügen, und den Teig zwischendurch immer wieder gut rühren. 120 g Mehl auf die Arbeitsfläche streuen. Das Mehl etwa 10 Minuten lang in den Teig einarbeiten. Der Teig ist zu Beginn klebrig, doch je mehr Mehl er aufnimmt, desto geschmeidiger und einfacher zu kneten ist er.

3 Die Teigkugel in eine mit Öl ausgefettete Schüssel legen. Mit einem feuchten Tuch abdecken und an einem warmen, zugfreien Ort 45–60 Minuten gehen lassen.

4 Die Luft aus dem Teig schlagen und ihn 5 Minuten auf einem leicht mit Mehl bestäubten Brett kneten. Aus dem Teig einen flachen, etwa 35 cm langen Laib formen, leicht mit einem Handtuch bedecken und erneut 30–45 Minuten ruhen lassen; in dieser Zeit sollte er sein Volumen verdoppeln.

5 In der Zwischenzeit auf die mittlere Schiene im Backofen Terracottaziegel oder einen Backstein legen, ersatzweise können Sie eine Brotbackform verwenden. Den Ofen mindestens eine halbe Stunde lang auf 200 °C/Gasherd Stufe 4 vorheizen.

6 Wenn das Brot genug gegangen ist, direkt aus dem Handtuch auf den heißen Stein oder die heißen Ziegel rollen. Das Brot mit einem scharfen Messer ein- oder mehrmals der Länge nach einritzen. Mit Olivenöl bestreichen und mit Mehl bestäuben. Im vorgeheizten Ofen 45–50 Minuten hellbraun backen. Es sollte eine dicke, krosse Kruste haben und innen hohl klingen, wenn man von unten mit den Fingern dagegen klopft. Auskühlen lassen.

Pizza bianca ~ Weisse Pizza

Eine typische römische Pizza gibt es mit den unterschiedlichsten, traditionellen Belägen, doch dies ist die Pizza des »kleinen Mannes«, die sich allein auf die Aromen eines guten Öls, Salz und Rosmarin verlässt. Ich serviere sie häufig, wenn ich mit meinen Kochkursteilnehmern ein ausgiebiges Mittagessen vorbereite, da sie leicht und gut verdaulich ist und zu so vielen Gerichten passt. Die *biga* verstärkt den Teiggeschmack und unterscheidet sich dadurch von der traditionellen Pizza.

Für 4 Personen
BIGA-VORTEIG:
2,5 g frische Hefe
150 ml lauwarmes Wasser
130 g Weizenmehl

TEIG:
 10 g frische Hefe
175 ml lauwarmes Wasser
1¹/₂ TL Salz
380 g Weizenmehl
 3 EL Olivenöl und zusätzliches Öl
  zum
  Einfetten

FÜR DIE KRUSTE:
Olivenöl
Meersalz
Frische Rosmarinblätter

1 Für den Biga-Vorteig: Die frische Hefe im warmen Wasser auflösen. Das Mehl hinzugeben und zu einer glatten, zähen Masse verrühren. Abgedeckt bei Zimmertemperatur 12–36 Stunden gehen lassen, bis die Masse locker ist und Blasen schlägt.

2 Für den Teig: Die frische Hefe in der Hälfte der angegebenen Wassermenge auflösen.

3 In einer großen Schüssel Salz und Mehl vermischen. In der Mitte eine Mulde formen und Hefemischung, Biga und Olivenöl hineingeben. Mit dem restlichen Wasser zu einem weichen, klebrigen Teig vermengen, falls notwendig, noch mehr Wasser hinzufügen.

4 Den Teig auf einer bemehlten Arbeitsfläche etwa 10 Minuten lang zu einem weichen, geschmeidigen Teig verkneten.

5 Den Teig in eine mit Öl ausgepinselte Schüssel legen, abdecken und anderthalb bis 2 Stunden gehen lassen, bis sich das Volumen verdoppelt hat.

6 Die Luft aus dem Teig schlagen und erneut 10 Minuten ruhen lassen.

7 Den Teig etwa 3mm dünn ausrollen und auf ein mit Öl bestrichenes Backblech legen. Abgedeckt eine halbe Stunde gehen lassen, bis sich sein Volumen verdoppelt hat.

8 Den Backofen auf 200 °C/Gasherd Stufe 4 vorheizen.

9 Mit den Fingern kleine Dellen in den Teig drücken. Großzügig mit Olivenöl beträufeln und Meersalz und frisches Rosmarin darüber streuen.

10 Im vorgeheizten Ofen 20 Minuten goldbraun und knusprig backen. Noch warm verzehren.

Aranciata nuorese ～ Sardinisches Nougat

Eine wunderbare süße Leckerei aus Honig, Mandeln und Orangenschale, die während der Wintermonate hergestellt wird und eine köstliche Energiequelle darstellt. Es ähnelt dem *panforte*, ist jedoch nicht so klebrig und knusprig und kann daher in Stücke geschnitten zu einer Tasse Kaffee serviert werden.

Für 8 Personen

220 g frische Schale unbehandelter Orangen (ca. 4 große Orangen)

220 g duftender Honig, möglichst aus Sardinien

220 g gehäutete und geröstete Mandeln, grob gehackt

1 Die Orangen zunächst gründlich heiß abwaschen und dann mit einem scharfen Messer die Schale möglichst ohne die weiße Haut dünn abtrennen (oder einen Zestenreißer verwenden).

2 Die Schale in möglichst lange, dünne Streifen schneiden, in einen Suppenteller legen, mit Wasser bedecken und bei Zimmertemperatur abgedeckt einen Tag ruhen lassen.

3 Das Wasser abgießen, frisches Wasser nachfüllen und abgedeckt einen weiteren Tag ruhen lassen.

4 Die Schalen gründlich abtropfen lassen und trocken tupfen. Den Honig und die Schalen in einem Topf eine halbe Stunde lang sanft erhitzen. Die gerösteten Mandeln hinzugeben und umrühren.

5 Die Masse auf einem befeuchteten, tiefen Blech auskühlen lassen. Erkaltet sollte sie klebrig und nicht mehr zu weich sein.

～ Miele

Honig wird zwar nicht nur im Winter verwendet, doch seine klebrige Konsistenz und seine köstliche Süße eignen sich ideal für weihnachtliche Kuchen, Süßspeisen und Gebäck. Der älteste »Süßstoff« der Welt wird von Bienen aus Blütennektar gewonnen. Die verschiedenen Blüten beeinflussen sowohl Farbe als auch Aroma des Honigs. Rosmarin- und Akazienhonig sind beispielsweise blassgelb und von zartem Geschmack, während Pinienhonig bernsteinfarben und sehr würzig ist. Auch Klima und Jahreszeit beeinflussen das Aroma des Honigs. Im Frühjahr gewonnener Honig ist mild und süß, Sommerhonig hingegen kräftiger im Geschmack. Je nach Zuckergehalt kristallisiert Honig unterschiedlich stark aus, daher gibt es klare, flüssige Honigsorten, aber auch streichfeste, fast körnige Sorten. Honig kann Zucker in vielen Backwaren ersetzen, ich benutze ihn für Kuchen, Gebäck und Kekse. Doch er eignet sich nicht nur zum Kochen; ich genieße ihn am liebsten in Kombination mit einem feinen Käse, vorzugsweise Pecorino, und frischen Birnen.

Zeppole ～Honiggewürzschleifen

Diese kleinen Gebäckstücke werden in meiner Familie traditionell am Heiligabend gegessen – eine große Pyramide golden glänzender Hefeschleifen mit Honig und Gewürzen übergossen. Meine Großmutter stand Weihnachten besonders früh auf, um sie zu backen. Sie schmecken köstlich, doch 0man braucht etwas Übung für ihre Herstellung. In Neapel wird dieses Gebäck auch zum Josefstag am 19. März angeboten.

Für 4–5 Personen
 15 g frische Hefe oder 1 1/2 TL Trocken-
    hefe und eine Prise Zucker
100 ml lauwarmes Wasser
Zucker zum Bestäuben
250 g Weizenmehl
 1 Prise feines Meersalz
 1 großes Ei, verquirlt
Olivenöl zum Frittieren
 2 EL gemahlene Gewürze:
    Anis, Kardamom, Muskatblüte,
    Ingwer
 3 EL Waldhonig

1 Die Hefe mit zwei Esslöffeln lauwarmem Wasser vermischen. Trockenhefe sollte in 2 EL Wasser und eine Prise Zucker eingerührt werden und an einem warmen Ort eine Viertelstunde gehen. In der Zwischenzeit in einer großen Schüssel Mehl und Salz vermischen und in die Mitte eine Mulde eindrücken. Die aufgelöste Hefe, das verquirlte Ei und etwas Wasser in die Mulde geben und alles gut miteinander vermischen. Nach und nach das restliche Wasser hinzugeben, bis der Teig knetbar wird.

2 Den Teig auf einer gut bemehlten Arbeitsfläche 10 Minuten lang weich kneten. Die Teigkugel in eine leicht geölte Schüssel legen, mit einem sauberen Geschirrtuch abdecken und 20 Minuten ruhen lassen.

3 Den Teig in etwa 15 wallnussgroße Stücke teilen und diese zwischen den Handflächen zu dünnen Würsten rollen. Diese Würste so zu kleinen Schlingen auslegen, dass sich die Enden überkreuzen.

4 In einer tiefen Pfanne das Öl erhitzen und jeweils 5 *zeppole* darin frittieren. Wenn sie an die Oberfläche aufsteigen, abtropfen lassen und auf Küchenpapier trocknen. Anschließend die *zeppole* mit Zucker und der Gewürzmischung bestreuen und zu einer Pyramide aufstapeln.

5 In einem kleinen Topf den Honig erhitzen und über die Pyramide gießen. Sofort servieren; die Zeppole schmecken am besten warm.

Sebaclas ～ Käsegebäck mit Honig

Dieses Rezept ist ein gutes Beispiel für sardinische Bescheidenheit. Immer ist etwas Käse im Haus, ein paar Eier und etwas Maismehl (in Sardinien werden die meisten Brote aus Maismehl gebacken). Diese knusprigen Kekse mit Honig zu reichen, mag ungewöhnlich erscheinen, doch der süße Honig ist ein wunderbares Gegengewicht zum Salzgehalt des Käses.

Für 8 Personen
300 g Maismehl oder Weizenmehl
  1 großes Ei, verquirlt
150 g frisch geriebener Pecorinokäse
  1 Prise feines Meersalz
Olivenöl zum Frittieren
Duftender klarer Honig

1 Das Mais- bzw. Weizenmehl auf die Arbeitsfläche häufeln und in die Mitte eine Mulde drücken.

2 Ei, Käse und Salz hineingeben und mit reichlich Wasser zu einem weichen, elastischen Teig vermischen. Die Wassermenge hängt davon ab, was für ein Mehl Sie verwenden. Verlassen Sie sich auf Ihre Erfahrung und gießen Sie nach und nach Wasser hinzu, bis der Teig die richtige Konsistenz hat.

3 Den Teig zu dicken Würsten formen und diese in kleine Stücke schneiden. Daraus zwischen den Handflächen kleine Kugeln von 2,5 cm Durchmesser drehen und mit bemehlten Händen sehr flach drücken.

4 Das Öl auf 180 °C erhitzen. Die Kekse darin hellbraun frittieren. Auf Küchenpapier abtropfen lassen und mit Honig servieren.

Torta di cioccolata al forno con vaniglia e nocciola ~

Schokoladenkäsekuchen mit Vanille und Haselnüssen

Für alle Schokoladen- und Käsekuchenliebhaber – natürlich in Maßen! Dieser Nachtisch hat eine feste, toffeeartige Konsistenz.

Für 6 Personen
120 g einfache trockene Kekse
250 g gute Vollmilchschokolade
200 g Butter
150 ml Sauerrahm
1/2 TL Vanilleextrakt
2 große Eier
120 g Zucker
500 g Frischkäse (mind. 70 % Fett)
150 ml Schlagsahne
125 g gehackte Haselnüsse

Zum Dekorieren:
6 ganze Haselnüsse

1 Für den Boden: Mit einer Kuchenrolle die Kekse in einer gut verschlossenen Plastiktüte zerkrümeln. 30 g Schokolade raspeln. 90 g Butter zerlassen, die Krümel und die geraspelte Schokolade hinzugeben, und die Zutaten gut miteinander verrühren.

2 Mit der Masse den Boden einer Springform (23 cm Durchmesser) bedecken und gut andrücken.

3 Für die Füllung: Die restliche Schokolade und Butter in einen Topf geben und unter ständigem Rühren im Wasserbad schmelzen. Die saure Sahne und die Vanille zugeben, kurz erhitzen und anschließend vom Herd nehmen.

4 Den Ofen auf 170 °C/Gasherd Stufe 3 vorheizen. Eier und Zucker schaumig schlagen. Nach und nach den Frischkäse, die Schokoladenmischung und die gehackten Nüsse hinzugeben und unterrühren.

5 Die Füllung auf den Teigboden in der Springform gießen und zwei Stunden lang im vorgeheizten Ofen backen. Abkühlen lassen und dann im Kühlschrank kalt stellen (der Kuchen wird in der Mitte einsinken).

6 Vor dem Servieren den Kuchen aus der Springform nehmen. Die Schlagsahne sehr steif schlagen, über den Kuchen streichen und mit den Haselnüssen verzieren.

~ Cioccolata

Schokolade wird erst im Winterkapitel erwähnt, obwohl sie keineswegs nur zu dieser Jahreszeit verwendet wird. Doch im Winter ist sie besonders sättigend und wärmend. Sie wurde 1528 von Cortéz aus Mexiko nach Spanien gebracht und hat von da aus schnell in ganz Europa Verbreitung gefunden. Zur Herstellung von Schokolade werden die Bohnen der Beerenfrüchte des tropischen Baumes Theobroma cacao (was soviel bedeutet wie »Speise der Götter«) verwendet. Die Samen werden in Holzboxen oder Bananblättern fermentiert (um das Keimen zu verhindern), die anhaftenden Fruchtreste zersetzen sich. Danach werden die Bohnen gewaschen, getrocknet und anschließend geröstet. Je mehr Kakaoanteile beziehungsweise Kakaobutter sie enthält, desto hochwertiger ist die Schokolade und desto bitterer und intensiver schmeckt sie. Verwenden Sie Schokolade mit einem Kakaoanteil von mindestens 75 %. Schokolade spielt in der italienischen Küche keine besonders große Rolle, doch gibt es einige köstliche Schokoladennachspeisen.

Torta di cioccolata ～ SCHOKOLADENKUCHEN

Dieser köstliche, weiche Kuchen wird allen Schokoladenkuchenliebhabern gefallen. Ich habe ihn zum ersten Mal in einer Bar namens Sandri in Perugia gekostet. Da in dieser Bar sehr viel Betrieb herrschte, konnte mir niemand Hinweise zum Rezept des Kuchens geben, daher habe ich frei improvisiert. Es ist mir jedoch mit diesem Rezept, glaube ich, gelungen, die Fülle und den unnachahmlichen Schokoladengeschmack dieses Kuchens einzufangen.

Für 6 Personen

400 g dunkle Schokolade von guter
   Qualität, in Stücke gebrochen
250 g Butter
  5 große Eier
  4 EL brauner Zucker
130 g gemahlene Mandeln
130 g Weizenmehl
  1 TL Backpulver
  2 TL Vanilleextrakt

SCHOKOLADENGLASUR:
125 ml süße Sahne
125 g dunkle Schokolade, geraspelt

ZUM SERVIEREN:
100 g gekühlte gemischte Beeren
150 ml fertige Schlagsahne

1 Den Ofen auf 160 °C/Gasherd Stufe 2–3 vorheizen und eine 23 cm lange Kuchenform einfetten.

2 Schokolade und Butter unter ständigem Rühren im Wasserbad schmelzen. Anschließend beiseite stellen.

3
Eier und Zucker in einer Schüssel etwa 6 Minuten lang schaumig schlagen. Mandeln, Mehl, Backpulver, Vanilleextrakt und die Schokoladenmischung hinzugeben und gut verrühren.

4 Die Mischung in der vorbereiteten Kuchenform 45 Minuten backen. Mit einem Holzspieß probeweise einstechen. Es sollte kein Teig daran kleben bleiben. Den Kuchen in der Form auskühlen lassen.

5 Für die Schokoladenglasur: Die Sahne in einem Topf bis kurz vor den Siedepunkt erhitzen und vom Herd nehmen. Die Schokolade einrühren und solange weiter rühren, bis sie vollständig geschmolzen und die Glasur glatt ist.

6 Den Kuchen mit der Schokoladenglasur überziehen, in Stücke schneiden und mit kaltem Obst und Schlagsahne servieren.

Bonèt ～ Schokoladenpudding

Dieser klassische Schokoladenpudding aus dem Piemont verdankt seinen Namen der hohen Puddingform, die an eine *bonèt*, eine Mütze, erinnert. Angeblich stammt dieses Rezept aus dem 16. Jahrhundert. Die Zugabe von Amarettini ist jedoch sicherlich nicht so alt und soll vielleicht den französischen Einschlag überspielen, da Italien nicht gerade für seine Puddings bekannt ist. Aus Bequemlichkeit wird heute Kakao statt Schokolade verwendet, doch mit einem wirklich guten Kakaopulver können sie den Genuss noch erhöhen (siehe Seite 124).

Für 8 Personen
100 g Demerarazucker (mit Melasse dunkelbraun gefärbte Raffinade)
    4 große Eier, getrennt
2¹/₂ EL ungesüßtes Kakaopulver
250 ml Vollmilch
    1 EL weißer Rum
    1 EL trockner Marsala-Wein
  50 g Amarettini, zerstoßen

1 Den Ofen auf 160 °C/Gasherd Stufe 2–3 vorheizen. Während man den Sirup macht, eine 1 Liter fassende Gugelhupfform im Ofen vorwärmen.

2 In einem kleinen gusseisernen Topf 50 g Zucker erhitzen und solange mit einem Holzlöffel rühren, bis der Zucker geschmolzen ist. Evtl. 1 EL Wasser zugeben. Den nussbraunen Sirup in die Kuchenform gießen und diese solange drehen, bis der Zucker die Innenseite vollständig auskleidet.

3 In einem Kessel Wasser für ein Wasserbad erhitzen. In einer großen Schüssel die Eigelbe mit dem Schneebesen schaumig schlagen, den restlichen Zucker hinzugeben und solange weiterrühren, bis dieser vollständig aufgelöst ist. Kakaopulver, Milch, Rum, Marsala und schließlich die zerkrümelten Amarettini unterrühren, das steif geschlagene Eiweiß unterheben und die Mischung in die karamellisierte Form gießen.

4 Die Form mit Alufolie abdecken und in einen großen Topf stellen. Den Topf so weit mit kochendem Wasser füllen, dass die Puddingform bis zur Hälfte im Wasser steht. Den Pudding ca. 45–50 Minuten im vorgeheizten Ofen backen. Die Stäbchenprobe machen. Die Form aus dem Wasserbad nehmen, abkühlen lassen und in den Kühlschrank stellen.

5 Eine halbe Stunde vor dem Servieren, den Pudding auf einen großen Teller stürzen. Mit einem Löffel den in der Form verbliebenen Sirup lösen und über den Pudding geben.

Dolce di natale ~ WEIHNACHTSKUCHEN

Dieser Kuchen hat zwar nichts mit Schokolade zu tun, doch er ist so köstlich, dass ich mit diesem Rezept das Buch beschließen möchte. Reich an leckeren, weihnachtlichen Zutaten ist er eine interessante Alternative zum deutschen Weihnachtsstollen oder zum italienischen panettone. In Italien und ganz Europa wird der Heiligabend feierlich begangen. Erst trinken die Italiener zu diesem Kuchen eine Tasse Espresso und dann packen sie ihre Geschenke aus.

Für 8 Personen
130 g Rosinen
 13 getrocknete Feigen, entstielt und
    gehackt
250 g frische Walnüsse, angeröstet und
    grob gehackt
180 g Pinienkerne, geröstet
 1 EL abgeriebene Schale einer unbe-
    handelten Orange
 6 EL Grappa
300 g Weizenmehl
 1/2 TL Backpulver
 1/4 TL feines Meersalz
180 g Butter
130 g brauner Zucker
 4 große Eier
 4 EL Vollmilch
Vanillepuderzucker zum Bestäuben

1 Die Rosinen 10 Minuten lang in heißem Wasser einweichen. Abtropfen lassen und mit den Feigen, Walnüssen, Pinienkernen und der Orangenschale in eine Schüssel geben. Mit einem Tuch bedeckt eine halbe Stunde ruhen lassen.

2 In der Zwischenzeit den Ofen auf 190 °C/Gasherd Stufe 3–4 vorheizen und eine runde Kuchenform (25 cm Durchmesser) einfetten.

3 In einer weiteren großen Schüssel Mehl, Backpulver und Salz miteinander vermischen.

4 In einer weiteren Schüssel Butter und Zucker schaumig schlagen. Die Eier nacheinander zugeben und unterrühren. Die Hälfte der Mehlmischung unterrühren. Milch zugießen und die restliche Mehlmischung unterrühren. Zum Schluss die Nussmischung unterheben.

5 Den Teig in die vorbereitete Form füllen und eine Stunde im vorgeheizten Ofen backen. Aus der Form nehmen und auf einem Kuchenrost auskühlen lassen. Mit Vanillepuderzucker bestäuben.

Rezept- und Stichwortverzeichnis

Danksagung

Ein ganz besonderer Dank gilt: meiner Großmutter für all ihre einfach perfekten und sehr speziellen Rezepte, die mir schon so viel Freude bereitet haben, meinen Schwestern, meinen Nichten und Neffen und meiner Mutter für ihre eifrige Recherche nach den in der englischen Ausgabe zitierten Versen und ihre stets wundervolle Unterstützung. Danken möchte ich auch Susan Fleming für ihre Bereitschaft, erneut mit mir zusammen zu arbeiten und mich zur Ordnung zu ermahnen. Ich kenne keinen, der so fleißig und professionell arbeitet wie sie und es dabei nie an Humor mangeln lässt. Jason Lowe danke ich dafür, dass er seine gute Laune auch nicht verlor, als an einem milden Samstagnachmittag im Juni aus einer zwanzigminütigen Fahrt ein dreieinhalb Stunden währender Ausflug wurde. Ohne seine Fotografien wäre dieses Buch nicht denkbar. Geoff Borin möchte ich für seine ruhige, professionelle Arbeit an der Layoutgestaltung danken. Es war eine wunderbare Zeit mit dir in Italien. Rebecca Spry hat mich während der Arbeitsphase an diesem Buch hervorragend betreut und wir hatten viel Spaß zusammen. Jamie Grafton danke ich dafür, dass er immer Verständnis dafür hatte, wenn ich zu Besprechungen zu spät kam, doch vor allem für seine stets freundlichen und aufmunternden Worte, die mir eine große Sicherheit gegeben haben. Bei "Books for Cooks" möchte ich mich für ihr freundliches Entgegenkommen vor allem bei Rosie und Eric bedanken und dafür, dass ich für Sie lehren, schreiben und arbeiten durfte. Ebenso gilt mein Dank Heidi Lascelles für ihre erneut perfekte Organisation der Toskanareise und Angelo Savino für seine ungewöhnliche Hilfsbereitschaft bei unserem Aufenthalt in Conversano.